KÖNIGS ERLÄUTERUNGEN

Band 15

Textanalyse und Interpretation zu

Johann Wolfgang von Goethe

IPHIGENIE AUF TAURIS

Rüdiger Bernhardt

Alle erforderlichen Infos für Abitur, Matura, Klausur und Referat
plus Musteraufgaben mit Lösungsansätzen

Zitierte Ausgabe:
Um mit verschiedenen Ausgaben arbeiten zu können, wird nach Versen zitiert, die in der Regel bei allen Iphigenie-Ausgaben ausgewiesen sind. Textgrundlage dieser Erläuterung ist der Band des Hamburger Lesehefte Verlags:
Goethe, Johann Wolfgang von: *Iphigenie auf Tauris*. Ein Schauspiel. Husum: Hamburger Lesehefte Verlag. (13. Hamburger Leseheft, Heftbearbeitung: F. Bruckner und K. Sternelle).

Über den Autor dieser Erläuterung:
Prof. Dr. sc. phil. Rüdiger Bernhardt lehrte neuere und neueste deutsche sowie skandinavische Literatur an Universitäten des In- und Auslandes. Er veröffentlichte u. a. Studien zur Literaturgeschichte und zur Antikerezeption, Monografien zu Henrik Ibsen, Gerhart Hauptmann, August Strindberg und Peter Hille, gab die Werke Ibsens, Peter Hilles, Hermann Conradis und anderer sowie zahlreiche Schulbücher heraus. Von 1994 bis 2008 war er Vorsitzender der Gerhart-Hauptmann-Stiftung Kloster auf Hiddensee. 1999 wurde er in die Leibniz-Sozietät gewählt.

5. Auflage 2019
ISBN 978-3-8044-1938-4
PDF: 978-3-8044-5938-0, EPUB: 978-3-8044-6938-9
© 2001, 2010 by C. Bange Verlag, 96142 Hollfeld
Titelfoto: Lola Müthel und Siegmar Schneider in einer Theateraufführung im Deutschen Theater Berlin, Kammerspiele 1947
© Cinetext/Henschel Theater-Archiv
Alle Rechte vorbehalten!
Druck und Weiterverarbeitung: Tiskárna Akcent

----

1. DAS WICHTIGSTE AUF EINEN BLICK – SCHNELLÜBERSICHT

Damit sich jeder Leser in diesem Band sofort zurechtfindet und das für ihn Interessante entdeckt, folgt eine Übersicht.

Im 2. Kapitel wird **Johann Wolfgang von Goethes Leben** beschrieben und auf den **zeitgeschichtlichen Hintergrund** verwiesen:

⇨ S. 9 ff. → Goethe lebte von **1749 bis 1832, seit 1775** vorwiegend in Weimar, der Hauptstadt des kleinen Herzogtums (seit 1815 Großherzogtums) Sachsen-Weimar-Eisenach.

⇨ S. 14 ff. → Für eine Liebhaberaufführung entstand *Iphigenie auf Tauris*. Es war die Zeit der Unabhängigkeitserklärung der Vereinigten Staaten (1776), eine Zeit wirtschaftlicher Not und Unruhe vor der Französischen Revolution von 1789, mit der sich Europa prinzipiell veränderte und in der die geistige Bewegung der Aufklärung politisch wirksam wurde.

→ In *Iphigenie auf Tauris* schlagen sich bürgerliches Denken als Humanitätsverhalten und Toleranzprinzip nieder, verbunden mit idealen Vorstellungen von menschlicher Vollkommenheit, die man in der Antike zu finden meinte und die zur Klassik führten. Hinzu kamen politische sowie persönliche Erfahrungen Goethes im ersten Weimarer Jahrzehnt.

Im 3. Kapitel findet der Leser eine **Textanalyse und -interpretation**.

Iphigenie auf Tauris – Entstehung und Quellen:

⇨ S. 26 ff. Das Stück wurde 1779 in Prosa geschrieben, im Kontrast zu Goethes administrativer Arbeit. Die endgültige Versgestalt erhielt das Stück während der italienischen Reise 1786/87. Der Stoff stammt

aus der griechischen Mythologie und gehört zum Schicksal der
Tantaliden; Vorbilder fand Goethe bei Euripides und Racine.

Inhalt:

Nachdem Iphigenie von Diana gerettet worden ist, wurde sie in
Tauris ihre Priesterin. Es ist ihr gelungen, die dort üblichen Menschenopfer abzuschaffen. Da sie sich weigert, die Frau des Königs
Thoas zu werden, will der die Menschenopfer wieder einführen.
Erste Opfer sollen zwei Griechen sein, die nach Tauris gekommen
sind. Iphigenie weiß anfangs nicht, dass es ihr Bruder Orest und
sein Freund Pylades sind. Iphigenie gelingt es durch Wahrheit und
Offenheit, sie zu retten und mit beiden Tauris zu verlassen, Thoas
als Freund zurücklassend.

⇨ S. 37 ff.

Chronologie und Schauplätze:

Das Stück spielt nach dem Trojanischen Krieg auf der Insel Tauris;
der Schauplatz ist ein Hain vor Dianas Tempel.

⇨ S. 47 ff.

Personen:

Iphigenie
→ Tochter des Agamemnon,
→ Priesterin der Diana auf Tauris,
→ hat Menschenopfer abgeschafft,
→ Schwester des Orest.

⇨ S. 56 ff.

Thoas
→ König auf Tauris,
→ wirbt um Iphigenie,
→ will wieder Menschenopfer einführen,
→ wird durch Iphigenie von humanem Handeln überzeugt.

Orest

→ Bruder Iphigenies,

→ trägt den Familienfluch der Tantaliden,

→ soll der Göttin Diana geopfert werden,

→ durch Iphigenies Humanitätserziehung gerettet.

Arkas

→ Vertrauter des Königs Thoas,

→ Verstandesmensch,

→ idealer Partner eines aufgeklärten Fürsten.

Pylades

→ Neffe Agamemnons und Menelaos',

→ Freund des Orest, aber auch sein Gegensatz,

→ Stratege und Verstandesmensch

Stil und Sprache in *Iphigenie auf Tauris:*

⇨ S. 88 ff.

→ durchgängig hochsprachlich, ohne Stilbrüche

→ komplizierte Satzkonstruktionen

→ frühere Fassungen zwischen Prosa und Vers

→ Umarbeitung in Jamben

Interpretationsansätze:

⇨ S. 93 ff.

→ ideale Gestalten als Merkmal der Klassik; Humanität als wichtigste Errungenschaft

→ Freiheit und Handeln – das Erbe der Aufklärung

→ „edle Einfalt und stille Größe" – in der Nachfolge Winckelmanns

→ Spiegelung des Goethe'schen Lebens

2. JOHANN WOLFGANG VON GOETHE: LEBEN UND WERK

2.1 Biografie

Goethe 1779
© ullstein bild

JAHR	ORT	EREIGNIS	ALTER
1749	Frankfurt a. M.	28. August: Johann Wolfgang Goethe wird als Sohn des Kaiserlichen Rates Dr. jur. Johann Kaspar Goethe, Sohn eines Schneiders, und Katharina Elisabeth, geb. Textor, Tochter des Stadtschultheißen, im Haus „Zu den drei Leiern" am Großen Hirschgraben geboren. Die Familie ist wohlhabend; der Reichtum stammt vom Großvater.	
1750	Frankfurt a. M.	Schwester Cornelia Friederike Christiana Goethe geboren.	1
1753	Frankfurt a. M.	Der Vater[1] schenkt den Kindern zu Weihnachten ein **Puppentheater**. Goethe schrieb das Geschenk später der Großmutter zu, um den Ruf des Vaters zu beschädigen.	4
1759–1763	Frankfurt a. M.	Während der französischen Besetzung Frankfurts besucht Goethe **das französische Theater**.	10–14
1765–1768	Leipzig	Goethe **studiert die Rechte**, hört aber auch Vorlesungen zur Literatur, lernt Gellert und Gottsched, der 1734 Racines *Iphigénie* übersetzt hatte, kennen. Liebe zu Käthchen Schönkopf, der Tochter eines Zinngießers.	16–19

---

[1] Siehe Boyle, Bd. 1, S. 79

2.1 Biografie

JAHR	ORT	EREIGNIS	ALTER
1768	Frankfurt a. M.	Goethe kehrt nach einem Blutsturz nach Hause zurück. Er verkehrt im pietistischen Kreis der Susanna Katharina von Klettenberg und liest Wieland, Shakespeare, Klopstock u. a.	19
1770	Straßburg	April: setzt sein Rechtsstudium fort, schließt es als Lizentiat der Rechte ab, kann damit als Advokat zugelassen werden. Er lernt Herder und Dichter des **Sturm und Drang** (Jung-Stilling, Heinrich Leopold Wagner, Jakob Michael Reinhold Lenz) kennen. Im Straßburger Kreis werden ihm Pindar, Homer, die englische Dichtung, voran **Shakespeare** und **Ossian**, nahegebracht. Herder weist ihn auf Hamann und die Volkspoesie hin. Er begeistert sich für das gotische Straßburger Münster.	21
1770/71	Sesenheim (Sessenheim)	Kurz vor dem 15. Oktober: Besuch bei Friederike Brion. Er verliebt sich in die **Pfarrerstochter von Sesenheim**, Mai–Juni in Sesenheim, am 7. August 1771 ohne Erklärung Abschied.	21–22
1771	Straßburg	Frühling, Sommer: Goethe sammelt einer Anregung Herders folgend Volksballaden.	22
	Frankfurt a. M.	14. Oktober: Goethe hält zu Hause seine berühmte Rede *Zum Schäkespears Tag*.	
1772	Wetzlar	Praktikant am **Reichskammergericht**; verliebt sich in Charlotte Buff. Der Selbstmord des Studienkollegen Jerusalem (30. Oktober 1772) geht in den Roman *Die Leiden des jungen Werther* ein.	23

2.1 Biografie

JAHR	ORT	EREIGNIS	ALTER
1772	Frankfurt a. M.	Rückkehr nach Hause. Ende der juristischen Tätigkeit.	23
1774	Frankfurt a. M.	Knebel vermittelt Goethes **Bekanntschaft mit dem Erbprinzen Karl August von Weimar.**	25
1775	Frankfurt a. M.	Liebe und Verlobung mit Lili Schönemann.	26
	Schweiz	Erste Reise in die Schweiz.	
1775	Weimar	Abreise aus der Schweiz am 30. 10., nachdem Karl August am 3. 9. die Regierung angetreten hat; **Ankunft in Weimar am 7. 11.**	
1776	Weimar	11. Juni: Geheimer Legationsrat mit Sitz und Stimme im Geheimen Conseil, 1200 Taler Gehalt im Jahr, tritt am 25. Juni in den **Staatsdienst.** Liebe zu **Charlotte von Stein.** Aufgaben bei Hofe, lädt Herder nach Weimar ein.	27
1777/78	Harz, Berlin	Erste Harzreise, der 1783 bis 1789 weitere folgen. Reise über Leipzig, Wörlitz nach Berlin.	28/29
1779	Weimar	Übernahme weiterer Aufgaben, u. a. Kriegskommission. **14. Februar: Beginn mit** *Iphigenie auf Tauris*, **beendet am 28. März. 6. April: Erste Aufführung mit Corona Schröter als Iphigenie und Goethe als Orest.** 5. September: Goethe wird zum Geheimen Rat ernannt.	30
	Schweiz	Zweite Reise.	
1781	Weimar	Naturwissenschaftliche Studien.	32
1782	Weimar	Goethe wird **geadelt.** Zusätzlich: Leitung der Finanzkammer. Tod des Vaters.	33

2.1 Biografie

JAHR	ORT	EREIGNIS	ALTER
1784	Weimar	Goethe entdeckt den **Zwischenkiefer-knochen** beim Menschen.	35
1785	Karlsbad	Erster Kuraufenthalt.	36
1786	Weimar	Vertrag über achtbändige Werkausgabe (Göschen).	37
	Karlsbad	Sommer in Karlsbad, flieht von dort nach Italien.	
	Italien	Goethe kommt am 29. Oktober in Rom an. **Italienische Reise** als „Maler Philipp Möller aus Leipzig", wohnt bei dem Maler Tischbein	
1787	Italien	**Versfassung der *Iphigenie* abgeschlossen.**	38
1788	Weimar	18. Juni: Rückkehr, 12. Juli: lernt **Christiane Vulpius** kennen und lebt zum Entsetzen des Adels mit ihr zusammen.	39
1789	Weimar	Sohn August geboren, (stirbt 1830 in Rom und wird dort beerdigt).	40
1790	Italien Schlesien	Zwischen März und Juni die **zweite Italienreise**. Juli–Oktober: Begleiter Karl Augusts, der als General in Preußens Diensten steht.	41
1791	Weimar	1791–1817 Direktor des Hoftheaters, Materialsammlung zur *Farbenlehre*.	42
1792–1793	Frankreich	Feldzug. Teilnahme an der Belagerung von Mainz.	43–44
1794	Weimar, Jena	Juli: Beginn der **Freundschaft und des Briefwechsels mit Schiller.**	45
1797	Schweiz	Dritte Reise.	48

2.1 Biografie

JAHR	ORT	EREIGNIS	ALTER
1799	Weimar	Im Dezember siedelt Schiller von Jena nach Weimar über.	50
1802	Weimar	15. Mai: Schiller inszeniert Goethes *Iphigenie auf Tauris* im Hoftheater.	53
1803	Weimar	Friedrich Wilhelm Riemer wird Hauslehrer von Goethes Sohn und Goethes Sekretär. Heiratet 1814 Christianes Gesellschafterin Caroline Ulrich, die seit 1809 in Goethes Haus wohnt und die der Dichter liebt.	54
1805	Weimar	9. Mai: Tod Schillers. Freundschaft mit Zelter.	56
1806	Jena Weimar	**Schlacht bei Jena und Auerstädt**: Niederlage des Heiligen Römischen Reiches Deutscher Nation. Die Franzosen plündern Weimar, Goethes Haus bleibt dank des Einsatzes von Christiane verschont. Am 19. Oktober lässt sich **Goethe mit ihr trauen**.	57
1807	Weimar	Tod der Herzogin Anna Amalia. Liebe zu Minna Herzlieb.	58
1814	Rhein und Main	Reisen. Liebe zu Marianne von Willemer.	65
1816	Weimar	6. Juni: **Tod Christianes.**	67
1823	Weimar	Johann Peter Eckermann besucht Goethe. Er wird Mitarbeiter und Nachfolger Riemers. Reise nach Marienbad und Eger. Verliebt sich in Ulrike von Levetzow.	74
1828	Weimar	Der Großherzog Karl August stirbt.	79
1832	Weimar	22. März: **Tod** Goethes in seinem 83. Lebensjahr.	83

2.2 Zeitgeschichtlicher Hintergrund

ZUSAMMEN-FASSUNG

Aufklärung, Sturm und Drang sowie Klassik folgten aufeinander, gingen aber auch gleitend ineinander über und setzten, mit unterschiedlichen ästhetischen Mitteln, die gleichen Bestrebungen nach befreitem individuellem Denken fort. Es sind die Zeit der amerikanischen Unabhängigkeitserklärung von 1776 und die vorrevolutionäre Situation von 1789, die auf die Ablösung des Absolutismus durch eine bürgerliche Ordnung drängten. Mit Goethe gelangten Ideen der aufklärerischen Erziehung um 1775 an den Weimarer Hof und gingen in klassische Postulate über, ein widersprüchlicher Prozess: Der politisch tätige Goethe entschied im einzelnen Fall anders als der Dichter Goethe, der utopische Entwürfe entwickelte. Zwischen dem Musenhof und dem Alltag im Lande bestanden große Unterschiede. Neben den politischen Entwicklungen in Europa und Goethes alltäglicher Arbeit wirkte sich die persönliche Situation, die Liebe zu Frau von Stein, auf *Iphigenie auf Tauris* aus.

Aufklärung, amerikanische Unabhängigkeitserklärung und Alltag

Die literarischen Epochen überschnitten sich: 1776 erschien Friedrich Maximilian Klingers Schauspiel *Sturm und Drang*, das der Epoche den Namen gab; es entstand in Weimar in unmittelbarer Nachbarschaft Goethes. 1779 erschien Gotthold Ephraim Lessings *Nathan der Weise*, ein Hauptwerk der Aufklärung, und Goethe begann mit der Arbeit an *Iphigenie auf Tauris*, deren Versfassung 1787 erschien und die als ein Hauptwerk der Klassik gilt. Dies war

Aufklärung, Sturm und Drang, Klassik

2.2 Zeitgeschichtlicher Hintergrund

zwei Jahre vor der Französischen Revolution, deren erste Pläne bis 1776 zurückreichen, als die amerikanische Unabhängigkeitserklärung erschien, die zu einem ersten staatsrechtlichen Dokument der modernen Demokratie wurde, in dem Naturrecht eine Grundlage und Menschenrechte ein Ziel waren. Dass Goethe davon beeindruckt war, ist in *Wilhelm Meisters Wanderjahren* (1829) zu lesen, wo einem neuen politischen Gebilde „auf frischem Boden viele Glieder von allen Seiten her zusammenberufen" „möglichst unbedingte Tätigkeit im Erwerb und freier Spielraum der allgemein-sittlichen und religiösen Vorstellungen zu vergönnen sei."[2] Philosophisch und geistesgeschichtlich beschäftige man sich mit der Befreiung des individuellen und gesellschaftlichen Denkens von religiösen Dogmen und erstarrten Ritualen – ein im 17. Jahrhundert beginnender gesamteuropäischer Vorgang, er ging von Frankreich und England aus, erschien in Deutschland unter dem Begriff „Aufklärung" und mündete schließlich in der Klassik.

Natur- und Menschenrechte

Immanuel Kant gab 1784 in seiner Schrift *Beantwortung der Frage: Was ist Aufklärung?* die heute noch gültige **Bestimmung**:

„Aufklärung ist der Ausgang des Menschen aus seiner selbstverschuldeten Unmündigkeit. Unmündigkeit ist das Unvermögen, sich seines Verstandes ohne Leitung eines anderen zu bedienen. Selbstverschuldet ist diese Unmündigkeit, wenn die Ursache derselben nicht am Mangel des Verstandes, sondern der Entschließung und des Mutes liegt, sich seiner ohne Leitung eines anderen zu bedienen. Sapere aude! Habe Mut, dich deines eigenen Verstandes zu bedienen! ist also der Wahlspruch der Aufklärung."

Was ist Aufklärung?

───

2   Goethe: *Wilhelm Meisters Wanderjahre*. In: BA 11, 85.

2.2   Zeitgeschichtlicher Hintergrund

Kategorischer
Imperativ –
Sittengesetz

Diese Bestimmung korrespondiert auch mit Kants kategorischem Imperativ, der zum grundlegenden Prinzip des ethischen Verhaltens werden sollte und von den Menschen verlangte, ihre Handlungen auf eine allgemeine Gesetzlichkeit gründen zu können. Es gibt fünf Bestimmungen dieses Begriffs in Kants *Grundlegung zur Metaphysik der Sitten* (1785); sie bewegen sich um das Sittengesetz: „Handle nur nach derjenigen Maxime, durch die du zugleich wollen kannst, dass sie ein allgemeines Gesetz werde." Das Verhalten und die Handlungen von Goethes Iphigenie – einer „Zeitgenossin"[3] des kategorischen Imperativs – gehören ins geistige Umfeld des aufklärerischen Denkens.

Das Alltagsleben des Volkes hatte allerdings wenig mit der Aufklärung und nichts mit der am Hofe gepflegten Bildung zu tun, geriet oft sogar in Widerspruch dazu. Goethes *Iphigenie auf Tauris* wurde in der höfischen Gesellschaft wirksam. Erst die Französische Revolution von 1789 (14. Juli: Sturm auf die Bastille) bedeutete den qualitativen Umschlag des aufklärerischen Denkens in die politische Macht, womit eine der gewaltigsten Veränderungen in der Weltgeschichte begann. Die Losung der Revolution „Liberté, Égalité, Fraternité" ist ein Schlagwort der Menschenrechte und stammt aus der *Deklaration der Rechte des Menschen und des Bürgers* (26. 8. 1789). Sie behielt in den späteren Revolutionen ihre Bedeutung und wurde in der Pariser Kommune 1871 wieder aufgenommen.

Goethes Ankunft in Weimar 1775

Am 11. Dezember 1774 lud in Frankfurt der junge Offizier Karl Ludwig von Knebel (1744–1834), literarisch interessiert und bald Goethes „Urfreund" (BA 1, 766), den Dichter zu seinem Erbprinzen

---

3   Boyle, Bd. 2, S. 76.

2.2 Zeitgeschichtlicher Hintergrund

Karl August von Sachsen-Weimar und Eisenach ein. Am 7. November 1775 kam Goethe in Weimar an; ein musenfreundlicher Hof, dank der Herzoginmutter Anna Amalia (1739–1807), empfing ihn. Das Herzogtum war zwischen 1770 und 1780 vom ökonomischen und damit gesellschaftlichen Verfall geprägt[4], der sich schließlich auf den Hof selbst auswirkte, der am Essen sparen musste und keine Gehälter zahlen konnte, wie die Gräfin Goertz, die ohne Amt am Hofe lebte, ihrem Mann 1776 schrieb.[5] Das war nichts Neues, denn 1775 kamen auch aus Paris Nachrichten von Aufständen wegen Hungers und der Teuerung, selbst in Versailles kam es am 1. Mai 1775 zum „Hungeraufstand"[6], der in Weimar bekannt wurde.

Hunger und Teuerung

Widerspruch zwischen absolutistischer Wirklichkeit und idealer Kunst

Goethe kannte bei seiner Ankunft in Weimar Verwaltungsarbeiten nicht, war aber juristisch ausgebildet. Er setzte sich für die Weimarer Ordnung ein, ergriff in Zensurfragen die Partei Karl Augusts oder entschied selbst noch schärfer. Der gleiche Goethe, der eine Kindsmörderin in Dichtungen als Opfer der gesellschaftlichen Zustände vorführte, entschied sich für die Todesstrafe, wenn ihm im Geheimen Conseil ähnliche Fälle wie der der Kindsmörderin Anna Catharina Höhn, einer ledigen Magd aus Tannroda, vorgelegt wurden und er als Beamter juristisch, nicht poetisch zu entscheiden hatte. Sie hatte am 11. April 1783, unverheiratet, ihren Sohn kurz nach der Geburt getötet. Am 28. November 1783 wurde die Höhn auf dem Markt von Weimar enthauptet. Entschieden hatte das Todesurteil der 34-jährige Minister Goethe. Am 4. November

---

4   Vgl. Leithold, S. 100.
5   Brief vom 22. Oktober 1776, bei: Leithold, S. 115 f.
6   Vgl. Leithold, S. 90.

hatte er in die Akten geschrieben, „dass auch nach meiner Meinung rätlicher sein mögte die Todesstrafe beizubehalten"[7]. Da lag *Iphigenie auf Tauris* in Prosa vor; Menschenopfer waren das Thema, ihre Verhinderung das geistige Ziel.

Charlotte von Stein und Iphigenie, der Weg zur Klassik

Am 3. September 1786 brach Goethe aus Karlsbad heimlich nach Italien auf. Die Flucht war der Bruch mit dem Weimarer Leben und die Trennung von Frau von Stein. In diesem Umkreis entstand die *Iphigenie auf Tauris*.

„Schmerzenskind"

Goethe nannte sein Schauspiel ein **„Schmerzenskind"**. Er hat unter den Ereignissen, die er in das poetische Gewand kleidete, ebenso gelitten wie unter der langen und komplizierten Entstehung. Beides ergab sich aus den privaten und politischen Erlebnissen Goethes. 2002 tauchte eine Lesart auf, nicht Charlotte von Stein sei die Geliebte Goethes gewesen, sondern die Herzogin-Mutter Anna Amalia, die, um das Verhältnis geheim zu halten, Frau von Stein vorgeschoben habe. Die Herzogin Anna Amalia habe auf sich als Iphigenie hingewiesen.

Fragwürdige Behauptung

Diese These wird mit Engagement, aber wenig haltbaren Belegen, zahlreichen Fehldeutungen und methodisch fragwürdigen Folgerungen vertreten. Iphigenie betreffend heißt es: „In seiner Dichtung *Iphigenie auf Tauris* (1778/1787) identifizierte sich der junge Goethe mit dem Helden Orest, der von Rachegöttinnen verfolgt wird und halb dem Wahnsinn verfallen umherirrt. Seine Schwester, die Priesterin Iphigenie, rettet ihn aber vor dem drohenden Untergang und richtet ihn wieder auf. Mit der Auswahl dieses Stoffes konnte Goethe am besten Anna Amalias Rolle zum Ausdruck

---

7 Damm, S. 81 ff.; Wilson, S. 7 f.

2.2   Zeitgeschichtlicher Hintergrund

bringen, die die Wandlung vom planlosen Stürmer und Dränger, der sich wie sein Romanheld Werther am Rande des Abgrunds bewegte, zum einzigartigen klassischen Dichter. (sic!) Im Gemälde *Anna Amalia in Pompej* weist die Fürstin nicht nur auf sich als Goethes Iphigenie hin. Nun, da ihre Liebe von der Notwendigkeit der Täuschung gereinigt werden muss, will sie ihr Leben, wie bei einer Priesterin, Höherem weihen: Als Hüterin von Goethes poetischem Genie."[8]

Nichts in dieser Behauptung ist belegbar: Goethe spielte den Orest, hatte aber keinen Grund, sich mit ihm zu identifizieren; das genannte Bild von Tischbein weist nirgends auf Iphigenie hin und der antikische Hintergrund auf dem Bild ist ein typisches Requisit für Tischbein, findet sich auf vielen seiner Bilder und nicht speziell auf Gemälden Anna Amalias und Goethes. Vielmehr ist Mam(m)ia, vor deren Grabmal Anna Amalia sitzt, eine Oberpriesterin der Venus, fern jeder Beziehung zu Diana und der Asexualität Iphigenies und Charlotte von Steins.

Diese Überlegung ist weitergeführt worden, etwas vorsichtiger, aber keineswegs weniger provozierend: Zwischen Goethe, Frau von Stein und Anna Amalia habe es sich um eine „Dreierbeziehung", eine „Liebe zu dritt" gehandelt, die von den beteiligten Frauen spannungsreich und widersprüchlich behandelt worden sei.[9]

                                         „Dreier-
                                         beziehung"

Im Frühjahr 1776 war Goethe ein von der unerfüllten Liebe zu Charlotte von Stein Getriebener und Gepeinigter. Zwar hatte er im März 1776 ein Erlebnis mit Corona Schröter, die 1779 die Iphige-

---

8   Ettore Ghibellino: *Goethe und Anna Amalia. Eine verbotene Liebe?* Weimar: Denkena Verlag, ³2007. S. 96.
9   Leithold, S. 125 ff., 150 ff., 160.

2.2   Zeitgeschichtlicher Hintergrund

nie spielte, aber anstatt Goethe zu beruhigen, machte sie ihm sein
Leiden noch deutlicher. An Charlotte von Stein schrieb er am 25. 3.
1776: „Die Schröter ist ein Engel – wenn mir doch Gott so ein Weib
bescheren wollte, dass ich euch könnt in Frieden lassen – doch
sie sieht dir nicht ähnlich genug."[10] Auf Goethes Anregung hin
bat Herzog Karl August 1776 die Schauspielerin, dem Weimarer
Liebhabertheater zur Verfügung zu stehen.

In Italien fand Goethe zu neuer Kunst. Sein Kunstbedürfnis hatte sich verändert, beeinflusst durch die „Bildwerke der Antike".
Er fand Gelegenheit und Anregung, seine *Iphigenie* umzuarbeiten
und zu beenden. Die *Römischen Elegien* sind als Ergänzung zur
Iphigenie auf Tauris mitzudenken. Aufgeklärtes Leben spielte sich
zwischen tätigem Sein und sinnlicher Erfüllung ab und projizierte
beides als Beispiel solchen Lebens in die Literatur.

---

10   Hartung, S. 172.

2.2 Zeitgeschichtlicher Hintergrund

Öl auf Leinwand –
Iphigenie
Goethe als Orest,
Corona Schröter
als Iphigenie wie
bei der Uraufführ-
rung 1779;
Georg Melchior
Kraus, 1779
© Stiftung Wei-
marer Klassik

2.3 Angaben und Erläuterungen zu wesentlichen Werken

GOETHE – WERKAUSWAHL

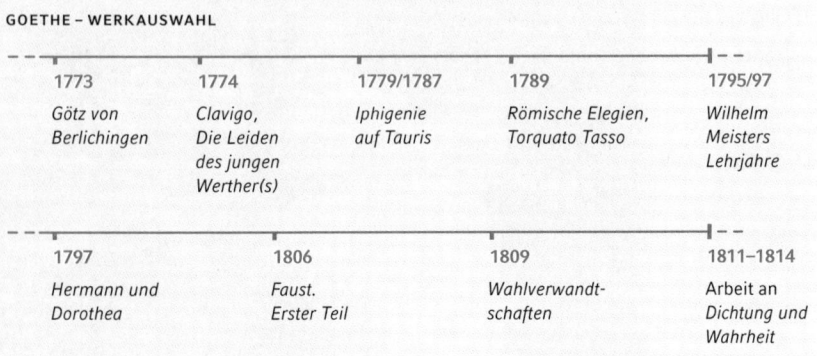

1773	1774	1779/1787	1789	1795/97
Götz von Berlichingen	Clavigo, Die Leiden des jungen Werther(s)	Iphigenie auf Tauris	Römische Elegien, Torquato Tasso	Wilhelm Meisters Lehrjahre

1797	1806	1809	1811–1814
Hermann und Dorothea	Faust. Erster Teil	Wahlverwandtschaften	Arbeit an Dichtung und Wahrheit

Goethes Antike-Rezeption

Mythische Gestalten in Goethes Schaffen waren zuerst kraftstrotzend und aufbegehrend – ‚Prometheus'. Von dieser Position aus polemisierte Goethe gegen Wielands empfindsame Mythengestalten. Mythische Stoffe waren an der Tagesordnung und gehörten zum allgemeinen Bildungsniveau. Von Beginn an galt Goethes besondere Aufmerksamkeit Euripides, den er gegen Wielands sittlich ausgeglichene Umwertung verteidigte, um schließlich nach seiner Ankunft in Weimar selbst bei dieser kritisierten Haltung anzukommen, aus der ‚Proserpina' und ‚Iphigenie auf Tauris' entstanden.

Goethe bediente sich früh in seinen Werken mythischer Gestalten. 1773 entstand das *Prometheus*-Fragment, in dem „Bedecke deinen Himmel, Zeus" den 3. Akt bildet: Prometheus ist eine starke, auf-

2.3 Angaben und Erläuterungen zu wesentlichen Werken

begehrende Persönlichkeit im titanischen Trotz gegen die Hierarchie der Götterwelt; er fordert die Mitbestimmung des tätigen Wesens und der neu geschaffenen Menschen, eine Position des Sturm und Drang. Als Wielands Singspiel *Alceste*[11], zurückgehend auf Euripides' *Alkestis*, mit der Musik von Anton Schweitzer 1773 am Weimarer Hoftheater uraufgeführt wurde und Goethe die antiken Helden darin auf zeitgenössisches Maß reduziert und verweichlicht glaubte – „blasse Püppchen" (BA 5, 184) –, entlud sich sein Zorn in der Farce *Götter, Helden und Wieland* (1773). Der Zorn hatte zwei Ursachen: Zum einen wurden mythische Helden wie Herkules von Kraftgestalten voller sinnlicher Lebenslust zu empfindsamen Tugendbolden, zum anderen erklärte Wieland in seinen fünf *Briefen an einen Freund über das deutsche Singspiel ‚Alceste',* diese Veränderungen erhöhen ihn über Euripides. Goethe entwickelte eine von Wieland unterschiedene **Antike-Rezeption,** indem er die Stärke des Menschen, die Robustheit der antiken Gestalten als vorbildhaft pries, nicht ihre idealisierende Glättung, die er Wieland vorwarf. Dass der nicht nur Shakespeare getadelt, sondern sich auch „gegen unsere Abgötter, die Griechen", erklärt hatte – wie Goethe in *Dichtung und Wahrheit* später schrieb – schärfte Goethes und seiner Freunde „bösen Willen gegen ihn": Wieland schien „sich an den trefflichen Alten und ihrem höhern Stil unverantwortlich zu versündigen, indem er die derbe gesunde Natur, die jenen Produktionen zum Grunde liegt, keineswegs anerkennen wollte". Dagegen habe Goethe seine Farce geschrieben, die von seinen „Mitgenossen" „mit großem Jubel aufgenommen worden" sei (BA 13, 696 f.). Das lag vor seiner Weimarer Zeit.

Gegensatz zu Wieland

---

11 Tatsächlich war Wielands *Alceste* ein wesentlicher Beitrag zur deutschen Literatur, denn der Text war als ernstes Opernlibretto in deutscher Sprache gedacht und in den später so folgenreichen jambischen Blankversen geschrieben. Vgl. Boyle, Bd. 1, S. 179.

2.3 Angaben und Erläuterungen zu wesentlichen Werken

DIE VERÄNDERUNG DER ANTIKE-REZEPTION GOETHES ZWISCHEN 1773 UND 1783

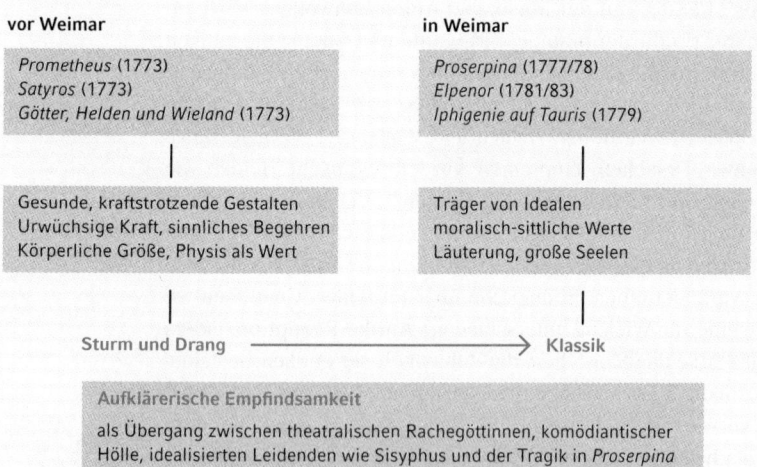

Thema: Antike

vor Weimar

Prometheus (1773)
Satyros (1773)
Götter, Helden und Wieland (1773)

Gesunde, kraftstrotzende Gestalten
Urwüchsige Kraft, sinnliches Begehren
Körperliche Größe, Physis als Wert

in Weimar

Proserpina (1777/78)
Elpenor (1781/83)
Iphigenie auf Tauris (1779)

Träger von Idealen
moralisch-sittliche Werte
Läuterung, große Seelen

Sturm und Drang ⟶ **Klassik**

Aufklärerische Empfindsamkeit

als Übergang zwischen theatralischen Rachegöttinnen, komödiantischer
Hölle, idealisierten Leidenden wie Sisyphus und der Tragik in *Proserpina*
Beispiel: *Der Triumph der Empfindsamkeit* (1778/79)

Mit dem 1777/78 entstandenen Monodrama *Proserpina* in Prosa
wurden Veränderungen in Goethes Verhältnis zur Antike erkennbar: Aus dem prometheischen, titanischen Trotz des Sturm und
Drang und den idealisierten Antikenadaptionen der Aufklärung
wurden tantalidisches, göttliches Leid und Tragik der Klassik. Das
Monodrama wurde in Verse umgeschrieben und in *Der Triumph
der Empfindsamkeit* eingefügt, um die tragische Konstellation der
ewig ins Dunkle verbannten Proserpina durch das heitere Umfeld

2.3   Angaben und Erläuterungen zu wesentlichen Werken

des Komödiantischen und die Klarheit der aufklärerischen Ratio-
nalität – Empfindsamkeit ist die gefühlsbetonte Aufklärung – zu
mildern, aber auch zu schwächen, so wie es sein Hoftheater wollte.
Iphigenies Eröffnungsmonolog ist dem Monolog der Proserpina   Proserpina und
ähnlich; beide sehen ihr tragisches Schicksal von den Parzen be-   Iphigenie
stimmt und beide sind Herrscherinnen in fremden Reichen: Proserpina, Tochter des Zeus, wird die Königin der Schatten in der
Unterwelt und Iphigenie, die Griechin, Priesterin der Diana bei
den Taurern. Goethe war auf dem Weg zu jener Auffassung von der
Antike, die er an Wieland zornig und leidenschaftlich bekämpft
hatte; es war letztlich der Übergang vom Sturm und Drang zur
Klassik.

3. TEXTANALYSE UND -INTERPRETATION

3.1 Entstehung und Quellen

1779–
1787: Der ursprüngliche Anlass für die Abfassung der *Iphigenie* war wahrscheinlich ein Festspiel für den Hof. Die Entstehung der rhythmisierten Prosa- und jambischen Versfassung verlief kompliziert.

1779: Die erste Prosafassung entstand im Februar und März neben Goethe belastenden Verwaltungsaufgaben. Uraufführung bereits am 6. April.

1780: Verwirrung stiftete eine Abschrift Lavaters in unregelmäßigen Versen.

1786: Umarbeitung in die Versfassung, begonnen in Karlsbad, fortgesetzt in Italien.

1787: 10. Januar: Den endgültigen Abschluss erreichte das „Schmerzenskind", wie Goethe das Stück bezeichnete, in Italien. Karl Philipp Moritz unterstützte die Versgestaltung.

Der Stoff, die Familiengeschichte der Tantaliden, stammt aus der griechischen Mythologie. Sie wurde oft literarisch bearbeitet; Goethe stützte sich auf Euripides, Racine und andere Vorlagen.

Goethe äußerte sich in den *Tag- und Jahresheften* über die Entstehung des Stückes: „Bei Gelegenheit eines Liebhabertheaters und festlicher Tage wurden gedichtet und aufgeführt: *Lila, Die Geschwister, Iphigenia, Proserpina*, letztere freventlich in den *Triumph*

3.1   Entstehung und Quellen

der Empfindsamkeit eingeschaltet und ihre Wirkung vernichtet."[12]
Der Hinweis auf „festliche Tage" könnte auf die Erwartung des
Weimarer Hofes verweisen, anlässlich der Geburt einer Prinzessin
im Februar und der bevorstehenden Taufe 1779 ein mit einer weiblichen Hauptfigur besetztes Stück haben zu wollen.

Anlass: höfisches
Festspiel

Die komplizierte Entstehung wird durch eine tabellarische
Übersicht überschaubar gemacht:

1779	Goethe diktiert vom 14. Februar bis zum 28. März die erste Prosa-fassung der *Iphigenie auf Tauris*. 6. April: Uraufführung der ersten Prosafassung im herzoglichen Liebhabertheater im „Redoutenhaus" des Hofjägers Anton Georg Hauptmann in Weimar.
1780/81	Korrekturen und Umarbeitungen, darunter eine Versfassung in freien Jamben (Jamben mit variabler Hebungszahl) von Lavater (BA 7, 918 f.), die lange als eine Bearbeitung Goethes (**Zweitfassung)** gilt (Erstdruck 1883).
1786	Ende August: Auf Herders Rat beginnt Goethe die Prosafassung in Jamben umzuschreiben.
1787	10. Januar: „Hier folgt denn also das Schmerzenskind, denn dieses Beiwort verdient *Iphigenia* aus mehr als einem Sinne." (*Italienische Reise*)
1789	**Besprechung der *Iphigenie* durch Schiller**: „Man findet hier die imponierende große Ruhe, die jede Antike so unerreichbar macht, die Würde, den schönen Ernst, auch in den höchsten Ausbrüchen der Leidenschaft"[13].
1800	7. Januar: Uraufführung der *Iphigenie auf Tauris* (Versfassung) in Wien auf Veranlassung Kaiser Franz II.

--- ---

12 Goethe: *Tag- und Jahreshefte*. In: BA 16, S. 9.
13 Friedrich Schiller: *Über die Iphigenie auf Tauris*. In: Schillers Werke. Nationalausgabe. 22. Band.
    Hrsg. von Herbert Meyer. Weimar: Hermann Böhlaus Nachfolger, 1958. S. 212.

3.1   Entstehung und Quellen

1802	Am 15. Mai wird das Stück in der Einrichtung und Bearbeitung Schillers in Weimar aufgeführt. Goethe nimmt an den Proben nicht teil. Er steht Aufführungen zurückhaltend gegenüber.
1825	**7. November: Goethes fünfzigjähriges Dienstjubiläum. Im Weimarer Hoftheater festliche Aufführung der *Iphigenie* (Versfassung). Goethe bleibt bis in den dritten Akt.** Feierlichkeiten in Weimar („zweihundert Gedecke im großen Saale des Stadthauses"[14]).

Die Idee zur *Iphigenie auf Tauris* entstand vermutlich 1776 (BA 7, 914). Goethe wurde, nicht widerspruchsfrei, in die Oberschicht des Herzogtums und in den Staatsdienst aufgenommen, löste Verwaltungsaufgaben und lernte regieren. 1779 bekam er zu seinen Aufgaben die Leitung der Kriegs- und Wegebaukommission übertragen und war bei den Rekrutenaushebungen für die Preußen dabei – die Entwürfe zur *Iphigenie* im Gepäck –, die von Sachsen-Weimar-Eisenach Truppen für den Bayrischen Erbfolgekrieg gefordert hatten. Der Stoff gehörte zur Allgemeinbildung und entsprach seinen Kenntnissen und seiner Methode, bevorzugt „gegebenen Stoff" zu verwenden.[15] Fakten und Charaktere seien vorhanden; der Dichter brauche nur Weniges von sich hinzuzutun. „Wie oft ist nicht die Iphigenie gemacht, und doch sind alle verschieden; denn jeder sieht und stellt die Sachen anders, eben nach seiner Weise."[16] Der Stoff bot sich an, um die Erlebnisse im Umgang mit aristokratischen Kreisen, die Erfahrungen im höfischen Staatsdienst, die wenig erfüllte sinnliche Liebe zu Frau von Stein und die Trauer um die 1777 verstorbene Schwester mit den enttäuschten Hoffnungen über den „aufgeklärten Fürsten" einem einzigen Stoff aufzulegen,

Stoff der Allgemeinbildung

„gegebener Stoff"

---

14   Bode, Band 3, S. 206
15   Eckermann, S. 63.
16   Ebd.

3.1 Entstehung und Quellen

mit dem die tragischen Aspekte zu überwinden waren und zu einem „Schauspiel" führten: Eine Tragödie ist das Stück nicht, Goethe hat sie bewusst und indem er sich von Euripides abhob, vermieden; Euripides hatte bereits die tragische Lösung durch einen Deus ex Machina (Gott aus der Maschine) ersetzt.[17]

Vom 14. Februar bis 28. März 1779 wurde der erste Entwurf in rhythmisierter Prosa niedergeschrieben. Die Entstehung bedrückte Goethe und machte ihm „den Kopf ganz wüst" (an Charlotte von Stein am 14. Februar). Er schrieb, dass er mit seiner „Menschenglauberei" [die Soldaten aus der Menge herausklauben, R. B.] fertig sei, und später „Mein Stück rückt!" (an Charlotte von Stein am 1. März). Während der Arbeit erfuhr Goethe vom Leben der Strumpfwirker in Apolda, dem einzigen Industriestandort des Herzogtums. In Apolda war es schon 1760 und 1773 zu Auseinandersetzungen gekommen. Zuletzt hatten Husaren den Aufruhr niedergeschlagen. Verleger stellten den Strumpfwirkern Garn zur Verfügung und verkauften anschließend die Strümpfe. Die Verleger verdienten ein Mehrfaches von dem, was ein Minister wie Goethe bekam (Goethe bekam 1.200 Taler, die Verleger verdienten 5.000 Taler; die Wirker bekamen 78 Taler im Jahr, die Spinnerinnen 21[18]). Goethe war entsetzt: „Leben aus der Hand in den Mund."[19] Die Situation verschärfte sich durch den Bayrischen Erbfolgekrieg (1778/79); durch die Bindung des Herzogtums Sachsen-Weimar-Eisenach an Preußen konnten keine Waren mehr im feindlichen Österreich abgesetzt werden. An Charlotte von Stein schrieb Goethe am 6. März: „Hier will das Drama gar nicht fort, es ist verflucht, der König von Tauris soll reden, als wenn kein Strumpfwür-

Die Strumpfwirker in Apolda

---

17 Vgl. dagegen Eissler, Bd. 1, S. 367.
18 Vgl. zu diesen Angaben und zur Gesamtsituation: W. Daniel Wilson: *Das Goethe-Tabu. Protest und Menschenrechte im klassischen Weimar*. München: dtv, 1999. S. 141.
19 Friedenthal, S. 241

3.1 Entstehung und Quellen

ker in Apolda hungerte". Eine soziale Wirklichkeit drängte ins Bild, mit der die königlichen Gestalten seines Schauspiels und das mythische Geschehen nichts zu tun hatten, für die aber der Minister Goethe zuständig war.

Am 28. März 1779 schloss er das Stück ab, zu dem er stets in Distanz blieb: „Meine *Iphigenie* mag ich nicht gern, wie sie jetzo ist, mehrmals abschreiben lassen und unter die Leute geben, weil ich beschäftigt bin, ihr noch mehr Harmonie im Stil zu verschaffen und also hier und da dran ändere." (Brief an Johann Kaspar Lavater vom 13. Oktober 1780).[20]

Von der Prosa zum Vers

Dass das Stück zum Vers tendierte, wurde in der Fassung in freien Jamben deutlich, die Lavater 1781 nach der ihm von Knebel geliehenen Abschrift der Urfassung niederschrieb.[21] Goethe arbeitete weiter an seiner Prosafassung; die Versifizierung Lavaters kannte er nicht. Erst während eines Kuraufenthaltes in Karlsbad (24. Juli bis 28. August 1786) wurde das Stück in Verse umgeschrieben. Goethe las es am 22. August 1786 dem Herzog und seiner Begleitung vor: „Dem Herzog ward' s wunderlich dabei zu Mute. Jetzt da sie in Verse geschnitten ist, macht sie mir neue Freude, man sieht auch eher, was noch Verbesserung bedarf. Ich arbeite dran und denke morgen fertig zu werden." Am 23. August 1786 berichtete er Charlotte von Stein davon, auch über die Umarbeitung. Nach der Beendigung der Überarbeitung sollte für beide ein neues Leben beginnen, das er als Utopie im gleichen Brief entwarf: „(...) dann werde ich in der freien Welt mit Dir leben, und in glücklicher Einsamkeit,

--- --- ---

20 Die Handschriften der ältesten Fassung des Stückes hatten ein typisch deutsches Schicksal: Die in Straßburg liegende ging mit der Bibliothek in Flammen auf, während die Deutschen die Stadt im Krieg 1870/71 bombardierten, die in Dessau liegende, von Lavater dem Fürsten von Anhalt-Dessau geschenkt, zählt zu den Kriegsverlusten des Zweiten Weltkriegs.

21 Diese Fassung taucht bis zum heutigen Tage auch in seriösen Dokumentationen als eine Fassung Goethes auf. Das liegt daran, dass Jakob Baechtold sie in *Goethes Iphigenie in vierfacher Gestalt* aufnahm. Die Fassung kommt aber für die Textgeschichte nicht in Betracht; die Weimarer Ausgabe bringt sie als Anhang zum Lesartenapparat der Prosafassung.

3.1 Entstehung und Quellen

ohne Namen und Stand, der Erde näher kommen, aus der wir genommen sind." Auch diese Fassung genügte nicht; vor allem Herder empfahl weitere Überarbeitung. So nahm Goethe schließlich das Manuskript mit auf die italienische Reise, das Stück war Goethe inzwischen mehr „Entwurf als Ausführung, es ist in poetischer Prosa geschrieben, die sich manchmal in einen jambischen Rhythmus verliert" (*Italienische Reise*, 8. September 1786; BA 14, 174).

In Bologna sah Goethe ein Bild der Heiligen Agathe, vermutlich ein Bild Il Guercinos („der Schieler", eigentlich: Giovanni Francesco Barbieri) und nicht Raffaels, wie Goethe annahm, und schrieb in sein Tagebuch (19. Oktober 1786), der Maler habe „ihr eine gesunde sichere Jungfräulichkeit gegeben, doch ohne Kälte und Rohheit". Ihr werde er im Geiste seine *Iphigenie* vorlesen und seine „Heldin nichts sagen lassen, was diese Heilige nicht aussprechen möchte" (BA 14, 135 und 266). Die endgültige Fassung in fünffüßigen Jamben wurde während der *Italienischen Reise* am 10. Januar 1787 abgeschlossen; Anteil am Abschluss hatte Karl Philipp Moritz (1756–1793), ohne den Goethe es „nie gewagt" hätte, die *Iphigenie auf Tauris* „in Jamben zu übersetzen". Goethe pflegte Moritz vierzig Tage, als dieser sich den Arm gebrochen hatte, und lernte dabei dessen Prosodie (*Versuch einer deutschen Prosodie* = Lehre von der metrisch-rhythmischen Struktur der Sprache) kennen, die Lehre, dass es „eine gewisse Rangordnung der Silben gebe" (BA 14, 321), aus der sich auch die Länge und Kürze der Silben ergebe.[22] Goethe schickte die Handschrift an Herder. Die entscheidende Eintragung über die Fertigstellung der *Iphigenie auf Tauris* in der *Italienischen Reise* (10. Januar

Iphigenies „Jungfräulichkeit"

K. P. Moritz' Anteil an den Versen

---

22 „Es ist auffallend, dass wir in unserer Sprache nur wenige Silben finden, die entschieden kurz oder lang sind. Mit den anderen verfährt man nach Geschmack oder Willkür. Nun hat Moritz ausgeklügelt, dass es eine gewisse Rangordnung der Silben gebe und dass die dem Sinne nach bedeutendere gegen eine weniger bedeutende lang sei und jene kurz mache, dagegen aber auch wieder kurz werden könne, wenn sie in die Nähe von einer andern gerät, welche mehr Geistesgewicht hat." Goethe: *Italienische Reise*, BA 14, S. 321.

3.1 Entstehung und Quellen

1787) lautete: „Hier folgt denn also das Schmerzenskind, denn dieses Beiwort verdient ‚Iphigenia' aus mehr als einem Sinne."(BA 14, 320) Letzte Unebenheiten überließ er Herder zur Verbesserung.

Durch die **Umarbeitung** in Verse entstanden keine dramaturgischen Veränderungen, aber andere Akzentsetzungen: Im Parzenlied hatte es 1779 geheißen: „In meiner Jugend sang's eine Amme uns Kindern vor." In der endgültigen Fassung von 1787 wurde aus dem unbestimmten „uns Kindern" das bestimmte und die Situation des Stückes reflektierende „In unsrer Jugend sang's die Amme mir / Und den Geschwistern vor" (V. 1724 f.). Bei der Erinnerung an von den Parzen beschriebene Verdammte hieß es 1779: „... aus der Tiefe dampft ihnen des Riesen erstickter Mund gleich andern Opfern ein leichter Rauch". 1787 trat eine neue Formulierung ein: „Aus Schlünden der Tiefe / Dampft ihnen der Atem / Erstickter Titanen / Gleich Opfergerüchen, / Ein leichtes Gewölke." (V. 1749 ff.) Die mythische Ordnung war wieder hergestellt: Die Titanen wurden von den Göttern verbannt.

Andere Akzentsetzung

Der 4. Auftritt des 4. Aktes in der Prosafassung unterscheidet sich in der Motivation und Gesprächsführung von dem der endgültigen Versfassung. Der 6. und 7. Auftritt des 5. Aktes der Prosafassung wurde in der Versfassung zu einem Auftritt zusammengezogen. Wortänderungen wurden vorgenommen, Riesen wurden zu Titanen, „ewig" bedeutete endgültig. Beschreibungen der Gestalten veränderten sich: In der Versfassung bezeichnet Orest Iphigenie als „Heilige" (V. 2119), in der ersten Prosafassung stand diese ungewöhnliche Bezeichnung für die heidnische Priesterin nicht. Aber inzwischen hatte Goethe Charlotte von Stein zum Ideal erhoben und sie in seinen Briefen als „Heilige" bezeichnet. Die Versfassung wurde auch zur Erinnerungsarbeit über die gescheiterte Beziehung Goethes zu Frau von Stein.[23]

---

23   Vgl. dazu auch: Koopmann, S. 88 f.

3.1 Entstehung und Quellen

Neben ihr hatten auch andere Frauen Einfluss auf die Gestalt Iphigenies, so die Schauspielerin Corona Schröter („ein Engel"), eine sinnliche Frau, und Goethes Schwester Cornelia (1750–1777), deren Tod ihm ein Verlust war, der ihm aber, wie er in Briefen mitteilte, ungelegen kam. Die Bruder-Schwester-Beziehung des Stücks ist ein Spiegel von Goethes Beziehung zu Cornelia. Nur war Cornelia kaum mit Iphigenie zu vergleichen. Zwar wurde Goethe von seiner Schwester wie von einem Magneten angezogen, aber er fühlte sich als ihr Herr und behandelte sie so. Von Cornelia könnte die Asexualität Iphigenies stammen. Die Schwester ekelte sich vor dem Geschlechtsakt. Für Iphigenie war er kein Problem mehr; sie kennt keine Sexualität. Sie ist nur Priesterin.

Vorbilder: Corona Schröter und Goethes Schwester Cornelia

Die Entstehungsgeschichte wäre ohne Goethes zweiten Plan unvollständig. In Bologna kam ihm der Einfall zu einer *Iphigenie in Delphi*; eine Inhaltsskizze trug er in sein Tagebuch der *Italienischen Reise* ein. Elektra wartete in Delphi: „Indessen sind Iphigenie, Orest und Pylades gleichfalls zu Delphi angekommen. Iphigenies heilige Ruhe kontrastiert gar merkwürdig mit Elektrens irdischer Leidenschaft, als die beiden Gestalten wechselseitig unerkannt zusammentreffen." Beinahe wäre es dabei erneut zu einem Mord gekommen, da Elektra die Fremde erschlagen will, aber „eine glückliche Wendung (wendet) dieses letzte schreckliche Übel von den Geschwistern ab ... Wenn diese Szene gelingt, so ist nicht leicht etwas Größeres und Rührenderes auf dem Theater gesehen worden" (BA 14, 267). Noch im Alter bedauerte Goethe, dass seine *Iphigenie in Delphi* ungeschrieben geblieben war. Das Stück schrieb 1941 erst **Gerhart Hauptmann**.

Iphigenie in Delphi

Goethe hat mehrfach an den Tantalidenmythos erinnert. 1825 kam er in einer Widmung auf das Grundproblem zurück: „Alle menschliche Gebrechen / Sühnet reine Menschlichkeit." (BA 7, 929) In der Szene „Vor dem Palaste des Menelas zu Sparta" in

Faust II tritt Helena auf. Dabei wird ein typisch griechischer Dramenort benutzt, der in *Iphigenie auf Tauris* vorhanden war: „Hain vor Dianens Tempel". Der Auftritt Helenas mit dem „Chor gefangener Trojanerinnen" ist eine Variation nach Euripides' *Troerinnen*. Helena erscheint wie die sinnliche Entsprechung zur geistigen Iphigenie in Goethes antiker Welt.

Der Stoff stammt aus dem Griechenland vor etwa 2500 Jahren. Veränderungen im Welt- und Menschenbild kündigten eine Krise der wirtschaftlich und kulturell blühenden Stadtstaaten an. Zukunftsträchtige Veränderungen gingen vor sich: Die Menschen begannen die Selbstbestimmung und freie Willensentscheidung auszuüben und lösten sich aus göttlicher Determination. Zum Thema von Goethes *Iphigenie* gehört der gesamte Stoff der Tantaliden, auf die Iphigenie mehrfach zu sprechen kommt (u. a. ausführlich V. 315 ff.).

Geschichte der Tantaliden

Das Fragment *Iphigenie in Aulis* des Euripides und sein Stück *Iphigenie bei den Taurern* sind stoffliche Vorlagen für Goethe. Iphigenies Rettung nach Tauris war die Voraussetzung für Euripides' Drama *Iphigenie bei den Taurern* (*Iphigenie im Lande der Taurer*, etwa 411 v. d. Z.). Euripides vereinigte Agamemnons entführte und gerettete Tochter Iphigenie mit der Priesterin auf Tauris, die ursprünglich eine Personifikation der Artemis war. Bei Euripides werden die Götter menschlich; Iphigenie wird nicht geopfert. Die Göttin Athene befiehlt Thoas, Iphigenie und Orest ziehen zu lassen. Für Euripides ist wichtig, dass Orest seine Taten als Verstoß gegen eine sittliche Ordnung begreift und mit seinen Taten Buße tun will. Orest sieht bei Goethe die Vorfahren in seiner Hadesvision vor sich (V. 1223 ff. und 1258 ff.).

Racines Vorbild

Eine weitere Quelle für Goethe war Jean Racines (1639–1699) *Iphigénie en Aulide* (1674) und Racines Entwurf einer *Iphigénie en*

3.1 Entstehung und Quellen

Tauride. Auch Racine ging auf Euripides zurück. Racines Tragödien hatte Goethe schon als Kind kennengelernt und der Dichter war ihm zum „Abgott geworden" (*Aus meinem Leben. Dichtung und Wahrheit*; BA 13, 119). Racines *Andromache* (1667) bot vergleichbare Konstellationen zu Goethes *Iphigenie auf Tauris* – eine vergebliche Werbung, eine geplante Entführung und Orests Wahnsinn – und ist ein Beispiel dafür, wie verschiedene Konflikte ineinander greifen und in einer gemeinsamen Katastrophe aufgehen. Andromache legt ihren Handlungen eine sittliche Lauterkeit und Würde zu Grunde, die an die Iphigenie Goethes erinnert: Sie will ihren Sohn Astyanax vor der Ermordung durch den von den Griechen beauftragten Orest retten, und ihrem toten Mann Hektor treu bleiben, obwohl Pyrrhus, bei dem sie und ihr Sohn Asyl gefunden haben, sie zur Frau begehrt. Um ihren Sohn zu schützen, wird sie dann doch Pyrrhus' Frau, den Orest aber im Glauben, einen Wunsch der geliebten Hermione zu erfüllen, ermordet. Orest, der auf seinen Freund Pylades trifft, fällt in Wahnsinn, nachdem Hermione sich das Leben genommen hat. Bei Racine erhielt der antike Stoff ein neues Moment, das sich auch in Goethes *Iphigenie auf Tauris* findet: Die Menschen werden von der Idee einer sittlichen Freiheit und unabhängig von den Göttern geleitet; der Mensch wird zum Urheber seiner Entschlüsse.

Stich *Iphigénie*;
Illustration für das Werk Racines;
vor 1768
© ullstein bild –
Roger-Viollet

Vous allez à l'autel, et moi, j'y cours, Madame.

3.1 Entstehung und Quellen

Spuren
Shakespeares

Goethe hatte sich als Stürmer und Dränger ausführlich mit Shakespeare beschäftigt, Spuren sind in der *Iphigenie auf Tauris* zu finden: Der Wahnsinn des Orest ähnelt dem der Ophelia in Shakespeares *Hamlet;* Orests Muttermord erinnert, auch wenn er seinen Ursprung im Mythos hat, an Hamlets Onkelmord. Wenn Orest Iphigenie als „Schöne Nymphe" (V. 1201) anspricht, ist das der Anrede Hamlets an Ophelia ähnlich: „Nymphe, schließ / In dein Gebet all meine Sünden ein!" (*Hamlet* III, 1)

3.2 Inhaltsangabe

ZUSAMMEN-FASSUNG

Die Griechin Iphigenie, durch Diana vor einer Opferung gerettet und entführt, ist bei den Taurern Priesterin der Diana. Es ist ihr dort gelungen, Menschenopfer abzuschaffen. Als sie die Werbung des Königs Thoas, seine Frau zu werden, ausschlägt und das mit ihrem Geheimnis begründet, aus Tantalus Geschlecht zu sein, kündigt der an, die Menschenopfer wieder einzuführen. Erste Opfer sollen zwei gefangene Griechen sein; es sind Iphigenies Bruder und sein Freund Pylades, was Iphigenie anfangs nicht weiß. Sie wollen einem Orakel folgend das Götterbild der Diana stehlen. Iphigenie rettet sie, nachdem zuerst eine Entführung des Götterbildes geplant ist und Thoas betrogen werden soll, schließlich durch Ehrlichkeit und Wahrheit und kann auch Thoas überzeugen, sie als Freunde zu verabschieden.

Vorgeschichte:

Die Handlung um Iphigenie ist Teil der Familiengeschichte des Tantalus, gegen den ein göttlicher Fluch ausgesprochen wurde, der sich vererbt. Tantalus' Strafen sind bis zum heutigen Tage als „Tantalusqualen" sprichwörtlich geblieben: In der Unterwelt steht er bis zu den Hüften, nach anderen Berichten bis zum Kinn im Wasser. Will er aber trinken, weicht das Wasser zurück. Über ihm hängen köstliche Früchte, versucht er nach ihnen zu greifen, um seinen Hunger zu stillen, bläst sie der Wind davon. Schließlich hat er ständig Angst, ein über ihm hängender Felsen könnte herabstürzen.

Familie des Tantalus

3.2 Inhaltsangabe

Iphigenie auf Tauris ist auch der letzte Akt einer Auseinandersetzung zwischen Menschen und Göttern. Iphigenie wird von ihrem Vater Agamemnon, König und Oberbefehlshaber der griechischen Flotte, auf dem Weg in den Trojanischen Krieg auf Aulis zum Opfer bestimmt, damit die Windstille beendet wird, die das Auslaufen nach Troja verhindert. So hatte das Orakel es mitgeteilt. Sie wurde von der Göttin Diana gerettet, durch eine Hirschkuh ersetzt und ins „Taurerland, / wo ein Barbar gebietet unter den Barbaren, / mit Namen Thoas" (Euripides, V. 30), entführt. Warum Diana über Agamemnon erzürnt gewesen ist, lässt Goethe offen: Neben der „herrlichen Hindin" (Gustav Schwab), einer Hirschkuh, die Agamemnon verbotenerweise gejagt haben soll, und seiner überheblichen Selbsteinschätzung, so gut wie Diana jagen zu können, hatte Agamemnon der Diana einst die schönste Frucht versprochen („Des Jahres schönste Frucht versprachst du ihr"[24], die in seinem Reich zu finden sei.) Im gleichen Jahr wurde Iphigenie geboren, die er der Göttin aber vorenthielt und die sie sich nun zur Priesterin holte.

Nach dem siegreich beendeten Trojanischen Krieg kehrt Agamemnon in sein Königreich Mykene zurück, die Seherin Kassandra als Kriegsbeute und Geliebte mit sich führend. Er und Kassandra werden von seiner Frau Klytämnestra und deren Geliebten Ägisth erschlagen. Klytämnestra erklärt dies in Äschylos' *Agamemnon* (458 v. d. Z.) als gerechte Vergeltung für die geopferte Iphigenie. Orest muss nun seinerseits den Fluch erfüllen, der auf der Familie lastet, und zwiespältige Vergeltung üben: Er tötet die Mutter und verfällt, von den Erinnyen (Rachegöttinnen) verflucht, in Wahnsinn. Apollo verspricht Erlösung von der Schuld des Muttermordes und aus dem Wahnsinn, wenn er die Schwester von Tauris nach

Trojanischer Krieg

---

24 Euripides, S. 173, V. 20.

3.2 Inhaltsangabe

Griechenland bringe (vgl. V. 2113 ff.). Orest muss annehmen, es sei damit das Bild der Schwester Apolls – Diana – gemeint, das er aus dem Tempel der Barbaren entführen solle, denn vom Aufenthalt seiner eigenen Schwester Iphigenie auf Tauris weiß er nichts. Aber der Spruch kann sich auch auf Orests Schwester beziehen.

Aus der ungeheuerlichen und spektakulären Familiengeschichte der Tantaliden stammt der Stoff des Stückes. Iphigenies Schicksal vom nicht vollzogenen Opfer bis zur Rolle der Priesterin auf Tauris bringt Abschluss und Lösung des Fluches der Tantaliden mit sich.

Abschluss und Lösung des Fluchs

Der Götterliebling Tantalus, der die Götter zu prüfen versucht hatte und dafür grausam bestraft wurde, löste den Fluch der Götter aus, der fortan sein Schicksal und das aller folgenden Generationen dieser Familie bestimmte:

Der Fluch der Tantaliden

Es ist einer der spannendsten und folgenreichsten Kriminalfälle der Antike. In der Tabelle stehen die einander in direkter Linie folgenden Herrscher der Tantaliden. Ausgewählt wurde jeweils das Verbrechen, das zu neuem und verstärktem Fluch führt.

1. Generation

| Der Ahnherr | **Tantalus** | schlachtet seinen Sohn Pelops und setzt ihn seinem Freunde (oder vielleicht auch Vater) Zeus und den übrigen Göttern vor. Diese bemerken das Verbrechen, zu dem noch andere kommen (T. verriet den Menschen die Pläne der Götter u. a.). Tantalus wird bestraft mit ewigen Qualen und dem FLUCH der Götter. |

3.2 Inhaltsangabe

2. Generation

Sein Sohn	Pelops	wird durch die Götter wieder lebendig gemacht. Er heiratet in zweiter Ehe Hippodameia, deren Vater Oinomaos er durch Betrug beim Wagenrennen umbringt (vgl. S. 73). Später schlachtet er den König von Arkadien, so wie es ihm durch Tantalus geschehen war. FLUCH des Schwiegervaters Oinomaos.

3. Generation

Sein Sohn	Atreus	schlachtet die Söhne seines Bruders Thyestes und setzt sie diesem als Speise vor. Zuvor hatten Atreus und Thyestes gemeinsam den Bruder aus der ersten Ehe des Vaters, Chrysippos, ermordet. Zahlreiche weitere Verbrechen wie Mord, Ehebruch usw. finden statt. A. wird von Ägisth, gezeugt von Thyestes mit der eigenen Tochter Pelopeia, getötet. Atreus hatte geglaubt, Ägisth sei sein Sohn. FLUCH des Thyestes.

4. Generation

Sein Sohn	Agamemnon	tötet den ersten Mann seiner späteren Frau Klytämnestra und beider Kind. Er ist bereit, seine Tochter Iphigenie der Göttin Diana/Artemis zu opfern, um in den Krieg nach Troja ziehen zu können. Stirbt durch den Sohn Thyestes', Ägisth, und Klytämnestra. FLUCH des Thyestes.

5. Generation

Sein Sohn	Orest	tötet seine Mutter Klytämnestra und deren Geliebten Ägisth, der auch sein Großonkel und Onkel ist. FLUCH der Erinnyen. O. verfällt dem Wahnsinn.

Die fünf Generationen wirken wie eine fünfaktige Tragödie des Fluchs der Tantaliden, deren letzter Akt die Lösung des Fluchs darstellt und somit die Tragödie aufhebt. Dadurch erklärt sich die Genrebezeichnung „Schauspiel"

3.2 Inhaltsangabe

Der Fluch wird durch Kindesmord ausgelöst und die Morde und Opfer der Tantaliden konzentrieren sich auf die Kinder der Familie (von Pelops bis zu Iphigenie). Da Orest noch keine Kinder hat und unverheiratet ist, als er auf Tauris gefangen genommen wird, und auch Iphigenie und Elektra kinderlos sind, würde der Fluch mit ihm und seinem Tod zu Ende gehen. Den Fluch bereits zuvor zu lösen, ist die eigentliche sittlich-humane Absicht Iphigenies.

1. Aufzug:

Die Griechin Iphigenie, Priesterin der Diana auf Tauris, lehnt Thoas' Werbung, seine Frau zu werden, ab und begründet das mit ihrer Herkunft aus Tantalus' Geschlecht. Der enttäuschte Thoas führt die durch Iphigenie abgeschafften Menschenopfer wieder ein, zuerst sollen zwei gefangene junge Griechen geopfert werden.

Auf Tauris ist Iphigenie Priesterin der Diana. In einem Monolog spricht sie von ihrer Sehnsucht nach ihrer Heimat Griechenland und ihrer Familie. Über die Taurer (Skythen) herrscht König Thoas. Iphigenie als Priesterin hat ihn überzeugen können, die Menschenopfer, die zuvor Diana gebracht worden sind, abzuschaffen; jeder Fremde, der die Küste erreichte, war zuvor dem Tod geweiht gewesen. Sie hat Anerkennung und Zuneigung gefunden, fühlt sich aber nach wie vor fremd. Sie weiß nicht, dass inzwischen der Fluch, der auf der Familie des Tantalus lastet, weitere Wirkung getan hat (Agamemnon von Klytämnestra und Ägisth ermordet, Klytämnestra von Orest getötet).

> Abschaffung der Menschenopfer

Thoas ist vereinsamt. Er hat seinen Sohn im Kampf verloren, sich aber dafür gerächt und einen Sieg über seine Feinde errungen. Aus dem Krieg zurückkehrend begehrt er Iphigenie, die er schon lange liebt, einmal mehr zur Frau (Iphigenie: „Oft wich ich seinem Antrag mühsam aus.", V. 155). Sie weigert sich trotz der Zureden

3.2   Inhaltsangabe

des Vertrauten Arkas. Iphigenie gesteht Thoas ihre Herkunft aus verfluchtem Geschlecht, um sich vor seinem Eheverlangen zu retten: „Vernimm! Ich bin aus Tantalus' Geschlecht." (V. 306) Thoas kündigt auf Iphigenies Ablehnung an, die Menschenopfer wieder einzuführen und zwei Fremde, die auf der Insel gelandet sind, dafür vorzusehen. Das aber sind, Iphigenie weiß es noch nicht, ihr Bruder Orest und dessen Freund Pylades.

2. Aufzug:

Orest und Pylades sind aus Delphi nach Tauris gekommen, um das Bild der Schwester zu entführen; dadurch soll der Fluch von Orest genommen werden. Er versteht darunter die Schwester Apolls, aber das Apollo-Orakel trifft auch für die eigene Schwester zu. Iphigenie erfährt vom Untergang Trojas und vom Tod griechischer Helden sowie der Ermordung ihres Vaters durch Klytämnestra.

Orest deutet das Orakel zuerst so, dass er durch den Tod vom Fluch befreit wird. Pylades indessen will noch nicht ins Schattenreich, das Reich der Toten, eintreten und sinnt auf Rettung. Im Gespräch beider erinnert man sich an die Vergangenheit. Pylades versucht, Orest die Last des Fluchs zu erleichtern: „Die Götter rächen / Der Väter Missetat nicht an dem Sohn" (V. 713 f.). Durch Pylades, der falsche Namen und eine falsche Herkunft, aber den richtigen Grund („Blutschuld", V. 836) verwendet, erfährt Iphigenie vom Ausgang des Trojanischen Krieges und dem Tod griechischer Helden, darunter Achill, mit dem Iphigenie angeblich – um sie ins Feldlager zu bekommen – auf Aulis verheiratet werden sollte.[25] Schon hofft sie, ihr Vater könnte noch leben, doch muss ihr Py-

Tod des Achill

---

25   Nach einigen Quellen hatten sie sogar gemeinsam den Sohn Neoptolemos (s. Ranke-Graves, Bd. 2., S. 271).

3.2 Inhaltsangabe

lades mitteilen, dass ihr Vater nach der Heimkehr von Klytämnestra und Ägisth ermordet worden ist, aus Rache für die von Agamemnon verantwortete Opferung Iphigenies. So erfährt sie von Pylades von ihrem vermeintlichen Tod. Pylades weiß nicht, wen er vor sich hat, spürt aber Iphigenies Anteilnahme.

*Vermeintlicher
Tod Iphigenies*

3. Aufzug:

Orest gesteht seine Tat – die Tötung seiner Mutter und Ägisths – und schließlich seine Herkunft. Iphigenie gibt sich ebenfalls zu erkennen. Orest glaubt, nun schließe sich der Fluch, indem die Schwester den Bruder töte. Aber Iphigenie will ihn und Pylades retten und bittet Diana um Hilfe. Pylades drängt zum Aufbruch.

Iphigenie löst in Dianas Heiligtum Orests Fesseln. Orest bestätigt ihr nochmals den Tod des Vaters. Sie ist über die Unerbittlichkeit des Fluchs erschüttert: „So haben Tantals Enkel Fluch auf Fluch / Mit vollen wilden Händen ausgesät!" (V. 968 f.) Froh nimmt Iphigenie zur Kenntnis, dass die Geschwister Elektra und Orest leben, sie muss aber erfahren, dass Orest die Mutter erschlagen hat. Die Geschwister erkennen sich, nachdem Orest seinen berühmten Satz gesprochen hat: „(...) zwischen uns / Sei Wahrheit! / Ich bin Orest!" (V. 1080 ff.) Iphigenies Flehen zu Diana, den Bruder zu retten (V. 1215), findet eine erste Antwort: Orest erwacht „aus seiner Betäubung" (V. 1257) und verliert fortschreitend seinen Wahn (V. 1258 ff.); es erscheinen ihm die Tantaliden, „ein versammelt Fürstenhaus" (V. 1270), als erlöstes und vom Fluch befreites Geschlecht, nur Tantalus muss weiter leiden. Iphigenie bittet Diana um Hilfe; letztlich bedeutet das aber, Thoas zu hintergehen. Iphigenies Flehen zu Diana, den Bruder zu retten (V. 1325 f.), findet Erfüllung: Orest sieht sich vom Fluch befreit (V. 1358), die Eumeniden ziehen zum Tartarus und „schlagen hinter sich / Die ehrnen

3.2   Inhaltsangabe

Tore fernabdonnernd zu" (V. 1361). Pylades drängt auf schnelle Flucht.

4. Aufzug:

Iphigenie bittet die „Himmlischen" um Hilfe, sagt der Lüge ab und wird von Arkas aufgefordert, die Opferung zu beschleunigen. Sie findet Ausreden für die Verzögerung und weist erneut die Werbung des Königs zurück. Pylades überzeugt sie, trotz aller Bedenken den Betrug an Thoas fortzusetzen.

Iphigenie betet zu den „Himmlischen" (V. 1369) und erfleht einen Freund in der Stunde der Not. Gleichzeitig lehnt sie Lügen ab. Die Gefahr vergrößert sich, als Arkas in Thoas' Namen auf Beschleunigung des Opfers drängt. Iphigenie versucht, mit einer List den Bruder und Pylades zu retten und das Orakel Apolls zu erfüllen: Sie verkündet, das Bild der Göttin sei durch einen Mörder besudelt worden, der „nah verwandtes Blut" vergossen habe (V. 1432). Das ist ein Hinweis auf Orest. Sie eile, um „an dem Meere / Der Göttin Bild mit frischer Welle netzend, / Geheimnisvolle Weihe zu begehn" (V. 1437 ff.). Aber beim Nachdenken über die Flucht mit dem Götterbildnis verstärken sich die Zweifel, ob dieser Weg richtig ist, denn sie würde „auch Menschen hier" auf Tauris verlassen, die sie schätzt, wie Thoas und Arkas. In einem Monolog, dem sich das Parzenlied (V. 1726 ff.) anschließt, wägt sie alle Entscheidungen ab. Im Parzenlied erinnert sie den Sturz der Titanen, die Tantalusqualen und die Unerbittlichkeit der Götter, deren Flüche nicht mit Recht und Gerechtigkeit verbunden sind, denn die Verdammten harren „vergebens, / Im Finstern gebunden, / Gerechten Gerichtes" (V. 1741 ff.).

Parzenlied

3.2 Inhaltsangabe

5. Aufzug:

Arkas und Thoas sind misstrauisch geworden. Iphigenie gesteht
den geplanten Betrug und fordert von Thoas die gleiche Wahrheit, zu
der sie sich entschlossen hat. Das Vertrauen berührt ihn; seine edle
Gesinnung setzt sich durch und übersteht auch den inzwischen aus-
gebrochenen Kampf zwischen Griechen und Taurern. Im Gespräch
zwischen Orest und Thoas, überzeugt durch Iphigenie, lässt Thoas
die Griechen am Ende freundlich verabschiedet ziehen.

Arkas beargwöhnt die Gefangenen und die Priesterin gegenüber
Thoas. Thoas beginnt zu zweifeln. Als er Iphigenie zum Opfer
drängt, beruft die sich auf das Gebot, „(d)em jeder Fremde heilig
ist" (V. 1836). Thoas versucht sie als Priesterin zum Opfer zu zwin-
gen, sie beruft sich auf ihre Entscheidungsfreiheit: „Ich bin so frei
geboren als ein Mann" (V. 1858). Da Orest und Pylades drängen,
das Bild der Göttin zu rauben, tritt Iphigenie, unfähig zur Lüge, vor
König Thoas hin und gesteht den beabsichtigten Betrug. Sie vertraut seiner edlen Gesinnung. Thoas scheint dem zu entsprechen.
Inzwischen kämpfen aber Griechen und Skythen (Taurer) miteinander, die Griechen werden zurückgedrängt. Orest fordert Thoas
auf, ihm einen Gegner für den Zweikampf zu geben. Iphigenie
greift wiederum beruhigend und schlichtend ein: „Lasst die Hand /
Vom Schwerte!" (V. 2065 f.). Sie erreicht von Thoas die Erlaubnis
zur Rückkehr in ihre Heimat, Orest und Pylades dürfen sie beglei-
ten. Das Orakel erfüllt sich, indem Orest nun seine Schwester und
nicht das Bildnis der Schwester Apolls aus Tauris wegführt. Diese
Wandlung folgt der gewaltlosen Tat Iphigenies, die überzeugend
wirkt und Thoas sogar zu einem segnenden Abschied überredet.
Zwischen Griechen und Taurern soll in Zukunft „ein freundlich
Gastrecht" (V. 2153) walten. Statt Thoas' männlicher Liebe will sie
in ihm die Vaterähnlichkeit („wie mir mein Vater war", V. 2156)

Erfüllung des
Orakels

3.2   Inhaltsangabe

Verhaltene Zwiespältigkeit

ehren, ein nicht ganz eindeutiger Vorsatz. Bei dieser Erklärung muss die Zwiespältigkeit Agamemnons mitgedacht werden, der seine Tochter Iphigenie zu opfern bereit war und seine Frau mit Kassandra betrog; das wird in Interpretationen grundsätzlich übersehen. Entsagung trifft am Ende alle, Thoas am heftigsten. Er verliert die Priesterin, die geliebte Frau, den gefangenen Prinzen Orest und dessen Partner sowie die allumfassende Macht des Herrschers. Von Menschenopfern ist keine Rede mehr. Aber es gibt keinen Hinweis, wie sich Thoas nach Iphigenies, Orests und Pylades' Weggang verhalten wird. Zwar hat er das Schlusswort „Lebt wohl!", aber das sagt wenig über Wiederbegegnung, freundliches Gastrecht oder gar Humanisierung auf Tauris aus.

4 REZEPTIONS-
GESCHICHTE

5 MATERIALIEN

6 PRÜFUNGS-
AUFGABEN

3.3 Aufbau

3.3 Aufbau

Das Stück folgt streng den aristotelischen Regeln und be-
dient die drei Einheiten (Zeit, Ort, Handlung). Innerhalb des
Stückes gibt es jedoch auch eine analytisch angelegte Handlung, die sich um das Geheimnis der Tantaliden und die Lösung des Fluchs bewegt; dieser Handlungsstrang bewegt
sich, isoliert, auf ein Stationendrama zu. Beide Strukturen
treffen sich in der „Achse des Stückes".

ZUSAMMEN-
FASSUNG

Die aristotelische (klassische) Struktur

Das fünfaktige Drama Goethes *Iphigenie auf Tauris* bezieht seine
inhaltliche und formale Grundanlage, also den Stoff und die drei
Einheiten der Zeit, des Ortes und der Handlung, von Euripides'
Iphigenie im Lande der Taurer. Seit den griechischen Dramatikern
und der *Poetik* des Aristoteles (330 v. d. Z.) hat sich die Struktur
des klassischen Schauspiels kaum geändert. Sie wird auch als „geschlossene Form" bezeichnet: „In der Tat bietet Goethes *Iphigenie
auf Tauris* ein klassisches Beispiel für eine von der Idee her orga-
nisierte, harmonisch ‚geschlossene' dramatische Form."[26] Wenn
Goethe die *Iphigenie* auf der fiktiven Insel Tauris spielen lässt, wird
in dem Inselcharakter diese Geschlossenheit verstärkt. Iphigenie
weist die Werbung des Königs im gleichen Augenblick zurück, in
dem zwei Fremde auf Tauris gefangen werden; die Einheit der Zeit
wurde konstruiert. Die Figuren sind symmetrisch geordnet, wie es
oft in antiken Dramen zu finden ist. Zwei Zweiergruppen stehen
sich gegenüber: Thoas und Arkas einerseits, Orest und Pylades

Die „geschlos-
sene" Form

---

26 Werner 1984, S. 135.

3.3 Aufbau

andererseits. Dabei sind die Begleiter ihren Herrschern stets untergeordnet. Beiden Gruppen geht es um Iphigenie; der Unterschied besteht in den Interessen. Thoas begehrt sie als Frau, Orest sucht Hilfe bei der Schwester. Damit stehen sich erotische Liebe und geschwisterliche Liebe gegenüber. Dahinter steht auch das zeitgenössische Bemühen, zwischen dem bürgerlichen Dichter Goethe und der aristokratischen Herrschaft Weimars einen Ausgleich zu finden, den Ausgleich zwischen Orest und Thoas.

Das Stück vereinigt eine traditionelle Dramenstruktur mit modernen Veränderungen. Der Dramentheoretiker Gustav Freytag leitete im 19. Jahrhundert eine Norm aus den klassischen Beispielen ab und gab dieser die Form eines symmetrischen Dreiecks (deshalb populär „Dramendreieck"), dem er einen „pyramidalen Bau" bescheinigte. Der gilt allerdings nur für das „Zieldrama",

Traditionelle Dramenstruktur nicht für das „analytische Drama". Gustav Freytag rechnete Goethes *Iphigenie auf Tauris* zu den Meisterwerken in der „Handhabung dieser dramatischen Einheit" und erklärte das dadurch, dass Goethe „an die Bühne gedacht"[27] habe. Die Fünfzahl der Akte entspricht den fünf Stadien der Handlung, wobei eine symmetrische Anlage zwischen Steigerung (1., 2.) und Fall (4., 5.) vorhanden ist: 1. Einleitung mit erregendem Moment – 2. Steigerung – 3. Höhepunkt; Umkehr (Peripetie)– 4. Fall/fallende Handlung mit retardierenden Momenten – 5. Katastrophe/Lösung mit dem Moment der letzten Spannung.

---

27   Gustav Freytag: *Die Technik des Dramas.* Leipzig: S. Hirzel, [3]1876, S. 38 f.

3.3 Aufbau

DER AUFBAU DER *IPHIGENIE*

3. Aufzug
Höhepunkt, Peripetie, unerwartete Wendung

Orest und Iphigenie erkennen einander. Orest ist dem Wahnsinn verfallen, aber er wird durch Iphigenie geheilt. Iphigenie begreift, dass sie sich in einem schwierigen Konflikt zwischen dem Bruder und dem vertrauten und edlen Thoas entscheiden muss.

2. Aufzug
Steigerung: erregende Momente, Verhandlungen

Iphigenie erfährt vom Untergang Trojas und dem Tod ihres Vaters. Orest sieht sich dem Tantalidenfluch verfallen. Nun wird die Zeit nach dem Trojanischen Krieg bekannt.

4. Aufzug
retardierende (verzögernde) Momente, Umkehr der Handlung, fallende Handlung

Iphigenie soll die Opferung Orests beschleunigen, da Thoas Verdacht schöpft. Sie schwankt, ob sie Thoas betrügen oder ihm die Wahrheit sagen soll. Das sind deutlich retardierende Momente. Thoas hat wie Iphigenie zwei Entscheidungsmöglichkeiten.

1. Aufzug
Exposition

Durch Iphigenie erfährt man von der Lage vor dem Trojanischen Krieg. Iphigenie ist Priesterin der Diana. Sie fühlt sich auf Tauris gefangen. Thoas kennt ihre Herkunft nicht. Um sich vor seinem Heiratsantrag zu schützen, gibt sie sich als Tantalidin zu erkennen. Thoas betrachtet das als Ausflucht und befiehlt, die von ihr abgeschafften Menschenopfer wieder einzuführen. Damit geht die Exposition in die Steigerung über.

5. Aufzug
Katastrophe, Lösung

Thoas erkennt den geplanten Betrug. Er zwingt Iphigenie zur Entscheidung. Diese vertraut der Menschlichkeit Thoas´; Iphigenie sagt Thoas die Wahrheit. Orest will den Weg in die Freiheit erkämpfen. Aber Iphigenie befiehlt, die Hand vom Schwert zu nehmen. Thoas lässt die Griechen schließlich in Freundschaft ziehen. Iphigenie hofft auf gegenseitige Gastfreundschaft.

3.3   Aufbau

Um die geschlossene Form des Dramas und die Dreieinheit ein-
zuhalten, wird der „Botenbericht" verwendet: Vorgänge, die nicht
oder schwer auf der Bühne darstellbar waren – Kämpfe, Gräuel-
taten oder Verbrechen wie Vergewaltigungen – oder kurz zusam-
mengefasst werden mussten, um den Handlungsrahmen nicht zu
sprengen, wurden berichtet. Dazu ist nicht immer ein besonderer
Bote nötig, der Bericht kann auch von bereits handelnden Personen gegeben werden: Thoas berichtet von der Ankunft der beiden
Fremden (V. 532 ff.), Pylades vom Untergang Trojas (V. 858 ff.),
Arkas vom Schiff, das in einer Bucht versteckt liegend auf Orest
und Pylades warten soll (V. 1772 ff.) u. a.

Die aristotelische und klassische Dramenstruktur ist in Goethes

Dreieinheit

Schauspiel an der **Dreieinheit** (Ort, Zeit, Handlung) der Antike zu
erkennen. Was für Ort (Hain vor Dianens Tempel auf einer Insel)
und Zeit (wenige Stunden) zutrifft, wird für die Einheit der Handlung variiert. Iphigenies Aufbegehren gegen den Tantalidenfluch –
das geschlossene fünfaktige Schauspiel Goethes – erscheint im
Zusammenhang mit dem gesamten, im Stück erinnerten Geschehen seit Tantalus als der letzte Akt einer antiken Familiengeschichte, deren fünf Generationen fünf Akte einer Tragödie repräsentie-
ren, die durch ein analytisches Drama beschlossen wird. Die
Hinweise auf die zurückliegende Geschichte werden eingangs und

**Elemente eines
analytischen
Dramas**

vor Thoas' Auftritt akzentuiert eingesetzt: „Fluch" (V. 84), Ver-
schweigen (V. 177) und „Geheimnis" (V. 178, 179). Die ausführli-
chen Berichte und Auflösungen dazu sind gleichmäßig verteilt: Im
1. Aufzug erzählt Iphigenie Thoas die Geschichte des Familien-
fluchs (V. 320 ff.); im 3. Aufzug führt Orest diese Geschichte bis zur
Gegenwart weiter (V. 1009 ff.) und sieht die Vision des entsühnten
Geschlechts (V. 1270 ff.); im 5. Aufzug erfolgt die Lösung aus dem
Fluch (V. 2108 ff.). Die Abstände zwischen den Erzählungen sind
annähernd gleich und dazwischen gibt es Hinweise auf die Famili-

3.3 Aufbau

engeschichte, die nie im Hintergrund verschwindet, sondern wie
in einem analytischen Drama präsent ist, gelöst und abgeschlossen
wird. Darüber spannt sich eine Zusammenschau: Im Parzenlied
wird das Schicksal der Tantaliden kommentiert und im Kontext des
weitgehend überwundenen, weil unwirksam gewordenen Mythos
aufgehoben. Die klassische Dramenstruktur wird durch einen auf-
gelegten modernen episierenden Verlauf fortlaufend retardiert:

Unwirksam
gewordener
Mythos

DIE EPISCHE (ANALYTISCHE) ANLAGE DES STÜCKES

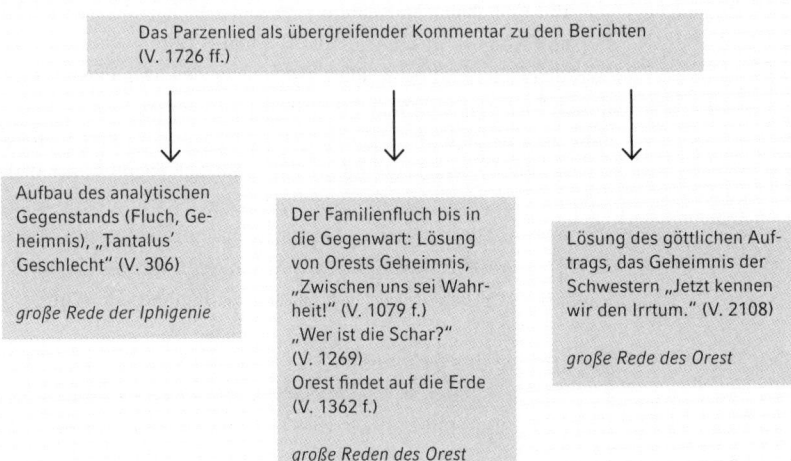

Das Parzenlied als übergreifender Kommentar zu den Berichten
(V. 1726 ff.)

Aufbau des analytischen
Gegenstands (Fluch, Ge-
heimnis), „Tantalus'
Geschlecht" (V. 306)

große Rede der Iphigenie

Der Familienfluch bis in
die Gegenwart: Lösung
von Orests Geheimnis,
„Zwischen uns sei Wahr-
heit!" (V. 1079 f.)
„Wer ist die Schar?"
(V. 1269)
Orest findet auf die Erde
(V. 1362 f.)

große Reden des Orest

Lösung des göttlichen Auf-
trags, das Geheimnis der
Schwestern „Jetzt kennen
wir den Irrtum." (V. 2108)

große Rede des Orest

3.3   Aufbau

Friedrich Schiller hat 1789 in seiner Rezension auf diese Besonderheiten des Stückes hingewiesen. Später kritisierte er in einem Brief vom 26. Dezember 1797 mit Nachdruck das Stück, das als Tragödie „verfehlt" sei, weil es sich „auf epische Art"[28] gebe. Als Schiller 1802 das Stück inszenierte, wies er Goethe nochmals darauf hin, dass es „für die dramatische Fo(r)derung zu reflektierend"[29] sei und er schlug Veränderungen vor, um den epischen Charakter durch dramatische Aktionen zurückzudrängen.

Das Stück gehört durch diese Episierungen und die daraus ableitbaren „Stationen" der Familiengeschichte auch zu den Vorläufern der modernen Enthüllungsdramen, wie sie seit Friedrich Hebbel und vor allem Henrik Ibsen an der Tagesordnung waren. Goethes Genialität bestand darin, dass er das Muster der vorbildhaften Dramenstruktur seit der Antike und der französischen Klassik bediente, gleichzeitig aber erste Ansätze einer modernen Form des Dramas entwickelte, die er der aristotelischen Grundstruktur auflegte, das episierende, zum Stationenstück neigende analytische Drama. Beide Dramenformen überlagern sich im 3. Aufzug, 2. und 3. Auftritt, umrahmt von Monologen Orests (V. 1258 ff., V. 1310 ff.)[30]; Diese Stelle hob Goethe nicht zufällig hervor:

Vorläufer des Enthüllungsdramas

Die „Achse des Stückes"

In der *Italienischen Reise* beschreibt Goethe, dass die Malerin Angelika Kauffmann (1741–1807) nach seiner *Iphigenie* ein Bild

---

28   Briefwechsel, Bd. 1, S. 457.

29   Briefwechsel, Bd. 2, S. 391.

30   Für den Zuschauer/Leser erscheint Orests Rede (V. 1310 ff.) wie ein Dialog; tatsächlich glaubt sich Orest aber weiterhin bei den Toten, setzt seinen Hades-Monolog (V. 1258 ff.) fort und begrüßt Iphigenie und Pylades in der Unterwelt („Ein güt'ger Gott send uns die Eine / ... schnell herab."), ohne sie zu hören. Deshalb führt auch Iphigenie keinen Dialog, sondern wendet sich bittend an ihre Göttin Diana und deren Bruder Apoll („Geschwister, die ihr an dem weiten Himmel ...") und Pylades fragt Orest nachdrücklich: „Erkennst du uns und diesen heil'gen Hain / Und dieses Licht, das nicht den Toten leuchtet?" Erst da wird Orest seine neue Lage bewusst und er wendet sich in einem weiteren Monolog an die Götter („Ihr Götter ...").

3.3 Aufbau

malen wolle: „Den Moment, da sich Orest in der Nähe der Schwester und des Freundes wiederfindet. Das, was die drei Personen hintereinander sprechen, hat sie in eine gleichzeitige Gruppe gebracht und jene Worte in Gebärden verwandelt ... Und es ist wirklich die **Achse des Stückes**."[31] Es handelt sich um die 2. und 3. Szene des 3. Aufzugs. Orest durchläuft in Stufen seine Heilung und die Lösung des Fluchs seiner Familie, nachdem Iphigenie die Götter zweimal (V. 1215 und V. 1325 f.) um die Lösung des Wahnsinns gebeten hat, Pylades drängt auf schnelle Flucht. Die Lösung des Fluches erscheint möglich, weil die Parallelität zwischen den göttlichen Geschwistern Apollo und Diana mit den irdischen Geschwistern Orest und Iphigenie ahnbar wird. Die Szene wird beherrscht von einer ungetrübten Verbundenheit der drei Griechen. Tischbein nahm in sein Bild *Goethe in der Campagna* diese Szene als Bildzitat auf: Neben einem umgestürzten Obelisken, Hinweis auf das ägyptische Altertum, liegt ein Basrelief (Flachrelief), das die Szene zwischen Iphigenie, Orest und Pylades abbildet. Goethe fand das Porträt „glücklich", – im Gegensatz zu einem Gemälde, das Angelika Kauffmann von ihm malte –, ging jedoch nicht auf das Bildzitat ein.

Orests Heilung und Lösung des Fluchs

Die Verse des Parzenliedes lösen sich vom Blankvers, leben aber von strenger Rhythmik: Als Grundvers dient der adonische Vers (Daktylus und Trochäus: $\acute{x} x x \acute{x} x$), der durch einen Auftakt erweitert wird. Das Metrum erinnert an den Tod des Adonis: Die Worte „Ach, der Adonis" entsprechen ihm.[32] Zusätzlich verstärken Alliterationen, oft verbunden mit Assonanzen den Klang: Menschenge-

Strenger Rhythmus im Parzenlied

---

31 Goethe: *Italienische Reise*. BA 14, S. 374.
32 Adonis wurde, nach *einer* Version, von Apoll, dem Bruder Dianas, in Gestalt eines Ebers getötet. Bei Spielen, in denen der Tod des Adonis gerächt werden sollte, wurde der Darsteller des Adonis geschont, wenn er vor seinen Verfolgern das Heiligtum Dianas erreichte. Vgl. Robert von Ranke-Graves, Bd. 2, S. 182. Ob diese inhaltliche Nähe zu *Iphigenie auf Tauris* von Goethe beabsichtigt war, ist nicht geklärt.

3.3 Aufbau

Tischbein: Goethe in der Campagna; 1786/87
© ullstein bild

schlecht, *halten* – *H*errschaft – *H*änden, *G*äste – *gesch*mäht und *gesch*ändet – nächtlich, „*g*ebunden, / *G*erechten *G*erichtes", *G*leich Opfer*g*erüchen, *ein* leichtes Gewölke, „wenden die Herrscher / Ihr segnendes", *g*anzen Geschlechtern u. a. Die Stabreime der Konsonanten oder Binnenreime der Vokale waren in der Prosafassung des Stücks nicht vorhanden, auch nicht die mehrfache Verwendung von *ewigen*. Mit dem Lied entsteht für Iphigenie die Alternative, gegen die Götter in titanischem Aufbegehren sich durchzusetzen, sich dem Hass der „alten Götter" anzuschließen und sich auf die Seite der Titanen zu schlagen. Zwischen Iphigenies Monolog vor dem Parzenlied und dem Parzenlied ist die Verbindung das Wort „ewig", das nicht in der Prosafassung stand. Der „ewig(e)" Fluch der Gestraften (V. 1694) bekommt seinen Gegenpol durch die „ewigen Feste" (V. 1745) der Götter. Das Gleichgewicht wird erhalten durch die „Herrschaft / In ewigen Händen" (V. 1728 f.).

3.3 Aufbau

Das alles wird von Iphigenie erinnert, gehört jedoch der Vergangenheit an: Iphigenie hatte „das alte Lied" „vergessen", das die Parzen „sangen" (V. 1718 ff.). Die letzte Strophe, die Iphigenie singt, geht vom Präsens der Strophen zuvor („Es fürchte die Götter") ins Imperfekt über: „So sangen die Parzen." (V. 1761) und verabschiedet sie.

Vom Präsens ins Präteritum

3.4 Personenkonstellation und Charakteristiken

ZUSAMMEN-
FASSUNG

In *Iphigenie auf Tauris* handeln nur fünf Personen, vier agie-
ren in zwei männlichen Gruppen als Griechen und als Taurer; damit treffen Zivilisation und Barbarei aufeinander. Beide bemühen sich um eine Frau, die Griechin und Priesterin
auf Tauris ist, also von Herkunft und Tätigkeit her ein Binde-
glied darstellt. Drei Personen gehören zur Familie der Tantaliden bzw. Atriden (Iphigenie, Orest, Pylades) und hatten/
haben mit Göttern Verbindung bzw. unterliegen ihrem
Fluch. Alle fünf gehören zur Oberschicht ihrer Völker (Kö-
nigshäuser, Vertrauter eines Königs).

Das Personenensemble ist deutlich gefügt und hat zudem eine
ausgeprägte soziale Kontur: Im Zentrum steht die Titelfigur Iphigenie, die „Königstochter" (V. 434) von Mykene, Schwester des
Thronfolgers Orest und Cousine Pylades' ist. In anderen Überliefe-
rungen ist sie Pylades' Schwägerin. Iphigenie steht in parallelen
Beziehungen. Dabei entsprechen Orest und Thoas einander: der
Bruder und der mögliche Ehemann; beiden hilft Iphigenie. Der

Ein königliches
Ensemble

eine wird gerettet, der andere wird ein **aufgeklärter Fürst.** Auf der
Ebene darunter entsprechen sich Pylades und Arkas; sie sind den
männlichen Figuren zugeordnet, aber sie sind auch Vermittler zwischen Iphigenie und den Herrschern. Sie halten dramaturgisch die
Handlung in Bewegung.

Zum Verständnis des Geschehens und der Figurenkonstellati-
onen ist die Kenntnis des Stammbaumes der Tantaliden von Ge-
winn:

3.4 Personenkonstellation und Charakteristiken

Stammbaum der Tantaliden[33]

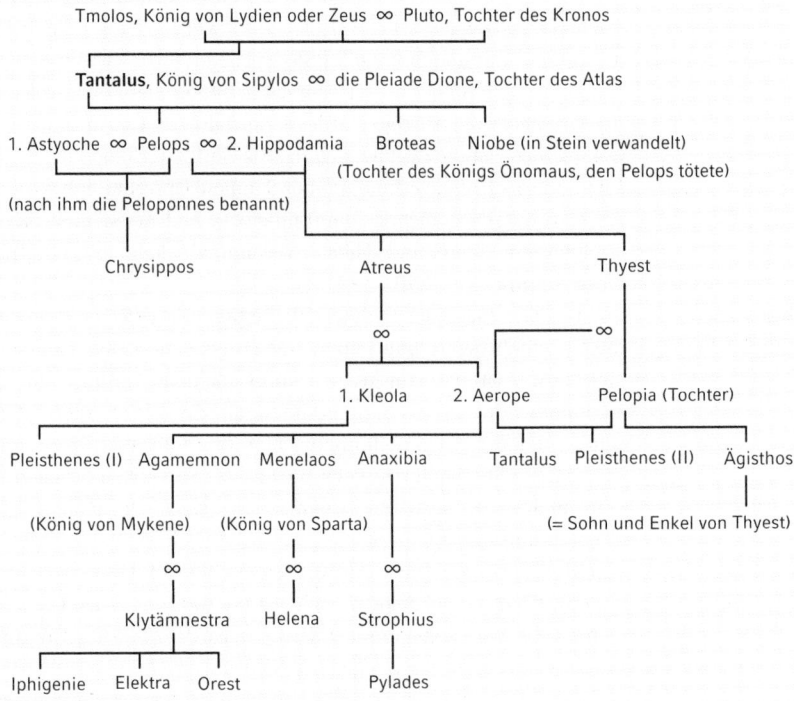

Tmolos, König von Lydien oder Zeus ∞ Pluto, Tochter des Kronos

Tantalus, König von Sipylos ∞ die Pleiade Dione, Tochter des Atlas

1. Astyoche ∞ Pelops ∞ 2. Hippodamia   Broteas   Niobe (in Stein verwandelt)

(Tochter des Königs Önomaus, den Pelops tötete)

(nach ihm die Peloponnes benannt)

Chrysippos   Atreus   Thyest

∞   ∞

1. Kleola   2. Aerope   Pelopia (Tochter)

Pleisthenes (I) Agamemnon Menelaos Anaxibia   Tantalus Pleisthenes (II) Ägisthos

(König von Mykene) (König von Sparta)   (= Sohn und Enkel von Thyest)

∞   ∞   ∞

Klytämnestra Helena Strophius

Iphigenie Elektra Orest   Pylades

---

33 Übersichten und Lexika der Antike sind zahlreich; alle bieten eine Auswahl aus einer Vielzahl
vorhandener Möglichkeiten. Gründlich, vielfältig und belegt sind die Darstellungen in: Robert
von Ranke-Graves: *Griechische Mythologie*.

3.4   Personenkonstellation und Charakteristiken

Iphigenie

ist die Tochter Agamemnons und Klytämnestras, die Schwester
Orests und Elektras. (Nach einer anderen Genealogie ist sie eine
Tochter des Theseus und der Helena und wurde von Klytämnestra
an Kindes statt angenommen.) Sie wurde an einem wesentlichen
Punkt aus dem Schicksal der Tantaliden genommen: Bei der Fahrt
der Griechen gegen Troja wurde sie in Aulis der Göttin Diana geopfert. Diese ist ihr zweimal Schutz: Als Göttin der Jagd fordert sie
Iphigenie als Opfer, verhindert aber dann die Opferung Iphigenies.
Als Göttin der weiblichen Jungfräulichkeit und Keuschheit bietet
sie Iphigenie den Grund, Thoas' Werbung abzulehnen („Jungfrau
einer Jungfrau", V. 200).

Grenze von
Mythos und
Geschichte

In dieser Phase der Weltgeschichte gehen mythische Bilder in
die Geschichtsschreibung über. Der Trojanische Krieg ereignete
sich an der Grenze von Mythos und Geschichte; seine näheren
Umstände sind nur als Sage erhalten, aber er hat stattgefunden.
Iphigenie kommt aus dem mythischen Raum, in dem Götter und
Menschen miteinander verkehren (z. B. das Parisurteil für die drei
Göttinnen als Anlass zum Trojanischen Krieg). Dreimal wird in
Iphigenie auf Tauris über den Tantalus-Mythos berichtet: Iphigenie
erzählt Thoas vom Fluch der Atriden (V. 306 ff.), Orest berichtet
vom Muttermord als Folge des Fluchs (V. 1003 ff.), Orest erinnert
sich an die Verwechslung der Schwestern (V. 2108 ff.). Die drei
Berichte, zu denen zahlreiche einzelne Hinweise kommen, werden
zusammengehalten durch ein übergreifendes Mythenlied: Iphigenie erinnert sich an die Parzen und an ihren sowie Orests Ahnherrn
(V. 1718 ff.). Diese Texte sprechen von der furchtbaren Gewalt des
Mythos, aber sie betreffen Vergangenes. Der mythische Fluch hat
an Gewalt verloren; der letzte ernsthaft Betroffene ist Orest, aber
er wird gerettet; die Macht des Fluches ist zerstört. Von Diana zur
Priesterin gemacht, hat Thoas Iphigenie selbstbewusst werden las-

3.4 Personenkonstellation und Charakteristiken

sen, denn er möchte sie zu seiner Königin erheben, obwohl er ihre Herkunft nicht kennt. Dass sie „Fürstin" (V. 1824) ist, betont sie. Andererseits ist Iphigenie als Priesterin der Diana fast selbst zur Göttin aufgestiegen: So wie diese Göttin Iphigenie rettete, rettet Iphigenie nun Menschen vor der Opferung. Das ist Goethes Zutat: Iphigenie tritt an die Stelle der Göttin „und vertraut der Wahrheit in ihr selbst, in des Menschen Brust"[34], wie Hegel schreibt. Iphigenie übt Toleranz. Durch ihre Menschlichkeit wird Thoas ebenfalls für menschliches Verhalten gewonnen. Nur ist die Haltung des Barbarischen oder gar des Unmenschlichen Thoas bereits zuvor fremd; er ist schon vor Iphigenies Wirken von ähnlich vollkommener Menschlichkeit. Iphigenie wird zur Inkarnation „reiner Menschlichkeit". Die Gestalt wird ohne ihren ursprünglichen Hintergrund und ohne die mythische Belastung, die am Ende nur noch rudimentär zu erkennen sind, widerspruchsfrei und edel. Aber sie wird, auch für Goethe selbst, „zunehmend utopisch"[35], damit zum historischen Entwurf, aber noch nicht zu Geschichte.

Wahrheit und Toleranz

Orest

   ist Iphigenies Bruder und als Sohn Agamemnons Thronfolger von Mykene. Er wurde durch den Tantaliden-Fluch in tragische Schuld verstrickt und irrt als Muttermörder umher, ständig getrieben von den Erinnyen (Eumeniden): Hätte er die Mutter nach ihrem Mord am Vater nicht durch Erdolchen gestraft, wäre es eine Pflichtverletzung des Thronfolgers gewesen. Wie er sich entscheidet, er gerät in Schuld: Das ist eine echte tragische Verwicklung. Sein Wahnsinn ist eine glückliche Fügung, die die Schuld verdrängt. Um Orests Handlungen und Schicksal zu verstehen, ist die

---

34 Georg Wilhelm Friedrich Hegel: *Ästhetik*. Bd. I, Berlin und Weimar: Aufbau-Verlag, 1965. S. 225.
35 Hans-Jürgen Geerdts: *Johann Wolfgang Goethe*. Leipzig: Reclam, 1972. S. 137.

3.4 Personenkonstellation und Charakteristiken

Kenntnis des antiken mythologischen Geschehens unabdingbar. Die Heilung vom Wahn durch Iphigenie rechtfertigt, dass Orest unter Menschen zurückkehren kann, obwohl er sich schon mit dem Totenreich abgefunden hatte. Er kann sich auch geistig aus dem mythischen Denken lösen: „Es löset sich der Fluch, mir sagt's das Herz. / Die Eumeniden ziehn, ich höre sie, / Zum Tartarus und schlagen hinter sich / Die eh'rnen Tore fernabdonnernd zu." (V. 1358 ff.) Die Semantik der Verse führt von Orest weg: *ziehen zum, hinter sich, fernab*. Die Gesundung deutet sich an. Durch Orests Schuld ist Leidensdruck entstanden und hat ihn in Wahnsinn und Todessehnsucht getrieben. Höhepunkt ist die Hades-Vision („Komm, folge mir ins dunkle Reich hinab!", V. 1234–1316)

Orest verlässt den mythischen Raum

mit dem Umschlag zur Genesung Orests. Orest tritt, nachdem er den mythischen Raum der Götter geheilt verlassen hat und die Eumeniden (Erinnyen) die ehernen Tore des Tartarus (Schattenreich, Unterwelt) zugeschlagen haben, in den geschichtlichen Raum ein: Er empfindet die Erde als Angebot zum Tätigsein: „Die Erde dampft erquickenden Geruch / Und ladet mich auf ihren Flächen ein." (V. 1362 f.) Er wird zum Gefolgsmann der edlen Menschlichkeit Iphigenies und beschleunigt Thoas' Bereitschaft, die Griechen ziehen zu lassen. Orest ist vor der Krönung zum König („Mir auf das Haupt die alte Krone drücke!", V. 2139) auch der standesgemäße Verhandlungspartner für Thoas. – Er kommt aus der antiken Tragödie und tritt in das moderne Schauspiel ein.

3.4 Personenkonstellation und Charakteristiken

Thoas

wird als „schnellfüßig" bezeichnet.[36] Sein Volk waren die Taurer, weil der Gott Osiris, als griechischer Gott zum Teil mit Dionysos gleichgesetzt, einst Stiere (tauroi) ins Joch gespannt und das Land gepflügt hatte.

Thoas, König von Tauris, Herrscher über die Skythen (Taurer), kommt siegreich aus einem Krieg nach Hause. Er hat das Reich seiner Feinde zerstört und seinen letzten Sohn, den die Feinde getötet hatten, gerächt. Nun muss er diesen Sieg in Politik für sein Volk verwandeln. Thoas schließt sich Iphigenies Prinzipien der Menschlichkeit an. Das fällt ihm nicht schwer, weil er schon vor der Begegnung mit Iphigenie menschlich herrscht und deshalb ihre Priesterschaft in seinem Lande angenommen hat. Iphigenie schafft die Menschenopfer ab. Sie selbst wurde durch die Göttin vor der Opferung bewahrt und zur Priesterin gemacht. Ähnlich hat sich Goethe nach seinem Eintritt in die Weimarer Regierung und Verwaltung bemüht, aus dem Herzog Karl August einen aufgeklärten Fürsten zu machen. Damit stellte er sich in die Tradition der Fürstenerziehung des 16. und 17. Jahrhunderts. Sein Vorhaben gelang unterschiedlich; der Erfolg war abhängig von der subjektiven Bereitschaft des Herzogs und letztlich von der absolutistisch gehandhabten Macht. So konnte Goethe manches in der Administration ändern, aber keine grundsätzlich anderen gesellschaftlichen Bedingungen schaffen, falls er dies gewollt hätte. Aber er unterwarf sich mehrfach selbst der üblichen Machtausübung und praktizierte sie. Das Dokument für Absicht und Grenzen der Umsetzung wurde das Gedicht *Ilmenau* (1783), das Goethe dem Herzog zu seinem 26. Geburtstag am 3. September 1783 widmete. Es

Fürstenerziehung

---

36 Die mythologische Biografie Thoas' ergibt sich aus Beschreibungen bei Euripides, Apollonios Rhodios, Eustathios und Apollodoros.

3.4 Personenkonstellation und Charakteristiken

verhält sich zur *Iphigenie auf Tauris* wie ein Erfüllungsbericht zum Programm.

Thoas ist einer der aufgeklärten Fürsten, den die klassische deutsche Literatur hervorgebracht hat. Nichts will er für sich, sondern alles für sein Volk, mit dem er sich in Übereinstimmung weiß: „Ein jeder sinnt, was künftig werden wird" (V. 242). Er trägt Iphigenie die Ehe an, die er persönlich wünscht, die aber nun politisch notwendig wird: „... ich hoffe, dich, / Zum Segen meines Volks und mir zum Segen / Als Braut in meine Wohnung einzuführen." (V. 248 ff.) Sein Handeln wird von gesellschaftlichen Notwendigkeiten bestimmt und steht damit bürgerlich-aufgeklärtem Denken nahe. Iphigenie wird dagegen (noch) vom Mythos bestimmt: „Vernimm! Ich bin aus Tantalus' Geschlecht." (V. 306) So stehen sich unvereinbare Positionen gegenüber.

Wolfgang Langhoff als Thoas in einer Inszenierung des Deutschen Theaters in den 1950er Jahren in Ost-Berlin.
© ullstein bild – Abraham Pisarek

In der Entstehungszeit des Stückes bezeichnete man Thoas als „Wilden". Das war nicht abwertend gemeint, sondern Ausdruck einer anderen, der natürlichen Schönheit und einer anderen Lebensführung. Dass er ein roher Wilder sei, wie es oft in der Sekundärliteratur heißt, ist eine Unterstellung, die durch den Text, außer durch ironische Selbstbezichtigungen (Thoas bezeichnet sich gegenüber dem „geerbte(n) Recht" zur Götternähe der Tantalidin Iphigenie „als einen erdgebornen Wilden", V. 501, später als „Barbar", V. 1938), nicht bestätigt wird, zumal „Wilder" und „Barbar" damals in dem Sinne verstanden wurden, einem bestimmten Kulturbereich nicht anzugehören. In den Geschichtsschreibungen der Antike waren die Wilden offen, opferbereit, gastfreund-

3.4   Personenkonstellation und Charakteristiken

lich, mutig und treu, vor allem aber lebten sie im Einklang mit der Natur. Iphigenie hatte Thoas entgegengehalten: „Ich bin aus Tantalus' Geschlecht", Goethe ließ ihn antworten: „Ich bin ein Mensch" (V. 503). Der Wilde ist der Mensch in der Geschichte, während die Priesterin gottähnlich im Mythos ist. Seine Bedeutung für das Stück ist „königlich": Thoas tritt in den entscheidenden Szenen auf. Im 1. Aufzug, 3. Auftritt führt er die Exposition in die Steigerung der Handlung, im 5. Aufzug ist er als einziger durchgängig anwesend und verantwortet die Lösung aller Konflikte sowie die Lösung des Fluches, die Iphigenie vorbereitet hat.

Pylades

ist ein Neffe Agamemnons und Menelaos', Sohn ihrer Schwester Anaxibia. Dadurch ist er der Vetter Orests, Iphigenies und Elektras. Er zeichnet sich durch einen pragmatischen Optimismus aus und wird ein ‚Realpolitiker' des Geschehens. Bei Euripides sieht Orest in Pylades, der dort als Elektras Mann sein Schwager ist, die Zukunft seines Hauses: „Wenn du dein Leben rettest und mit meiner Schwester, / die ich zum Weibe dir gegeben, Kinder zeugst, / so wird mein Name weiterleben."[37] Nichts davon bei Goethe. Pylades ist ledig und ungebunden, mit Orest befreundet. Er begleitet ihn als Ratgeber beim Raub der „Schwester". Dadurch entwickelt sich, mehr ahnbar als beweisbar, eine stille Neigung zwischen Iphigenie und Pylades. In der Prosafassung des Schauspiels noch spürbar, ist sie in der endgültigen Versfassung kaum vorhanden. Iphigenie ist lediglich im Gefühl höchsten Glücks und Elends auf der Suche nach einem Partner: „Wo bist du, Pylades? / Wo find ich deine Hülfe, teurer Mann?"(V. 1256 f.) – Goethe hat alles aus dem Text getilgt, was Iphigenie weiblich anziehend macht und auf eine

Der Realpolitiker Pylades

---

37   Euripides, S. 197, V. 695 ff.

3.4 Personenkonstellation und Charakteristiken

verborgene Leidenschaft weist (4. Auftritt des 4. Aktes). In der Prosafassung gibt Pylades Verhaltensmaßregeln, wie der Raub der Statue und die eigene Befreiung sich vollziehen sollten. Iphigenie antwortet, den starken Mann bewundernd:

> „Hör ich dich, o Teurer, so wendet **meine** Seele, wie eine Blume der Sonne sich nachwendet, deinen **fröhlichen, mutigen** Worten sich nach. O eine köstliche Gabe ist des Freundes tröstliche Rede, die **der** Einsame nicht kennt; denn langsam reift in seinem Busen verschlossen Gedank' und Entschluss, den die **glückliche** Gegenwart des Liebenden leicht entwickelt. Doch zieht, wie schnelle leichte Wolken über die Sonne, mir noch eine Bänglichkeit vor der Seele vorüber." (BA 7, S. 623; Hervorhebungen, R. B.)

Aus Neigung wird Freundschaft

Die Einsamkeit Iphigenies scheint aufgehoben zu sein; Freundschaft steigert sich zur Neigung. Die Veränderungen in der Versfassung sind quantitativ gering, aber qualitativ wichtig. Es fehlen genaue Bezüge auf Iphigenie; statt „meine Seele" steht nun „die Seele". Aus der konkreten Situation des Freundes Pylades wird die allgemeine Situation eines Freundes:

> „Vernehm ich dich, so wendet sich, o Teurer, / Wie sich die Blume nach der Sonne wendet, / Die Seele, von dem Strahle deiner Worte / Getroffen, sich dem süßen Troste nach. / Wie köstlich ist des gegenwärtgen Freundes / Gewisse Rede, deren Himmelskraft / Ein Einsamer entbehrt und still versinkt. / Denn langsam reift, verschlossen in dem Busen, / Gedank ihm und Entschluss; die Gegenwart / Des Liebenden entwickelte sich leicht." (V. 1619 ff.)

Die wenigen Worte, die fehlen, entindividualisieren Iphigenie.

3.4   Personenkonstellation und Charakteristiken

Pylades ist in der Dramaturgie des Stückes der Gegenentwurf zu Orest: So wie dieser sich durch Fluch und Schuld kurz vor dem Tode sieht, ist Pylades ein hoffnungsfroher, einfallsreicher und optimistischer Mensch.

Arkas

ist der Vertraute des Königs Thoas und Überbringer seiner Nachrichten. Er hat als Einziger kein Vorbild bei Euripides, sondern bei Racine. Ehe der König seinen Heiratsantrag selbst vorbringt, bespricht Arkas ihn mit Iphigenie. Er, der kaum von sich redet, meist vom „Wir", geht in seinem Dienst für Land und König auf. Wie Pylades ist er ein Verstandesmensch, der sich durch Klugheit und schnelle Beobachtungsgabe auszeichnet. Pylades und er sind die Strategen der Parteien. In seinen Wertvorstellungen ordnen sich Staatsräson, Pflichterfüllung und Dankbarkeit für soziale Bindungen an oberster Stelle ein. Er ist auch der Sicherheitsverantwortliche des Landes: „Verwirrt muss ich gestehn, dass ich nicht weiß, / Wohin ich meinen Argwohn richten soll." (V. 1767 f.) Gerüchte werden bei ihm gesammelt, Krankheiten sorgfältig analysiert („jenes Mannes Wahnsinn") und die Landesverteidigung von Tauris liegt in seiner Hand. Ihn als Sendboten in untergeordneter Funktion abzutun, geht an seiner Rolle in der Figurenkonstellation vorbei. Er nutzt seine Macht nie, um die Politik Thoas' zu unterlaufen, und ist für einen aufgeklärten Fürsten der ideale Partner. Er ist so, wie Goethe wahrscheinlich bei einem aufgeklärten Fürsten gern gewesen wäre.

Staatsräson und Pflichterfüllung

3.4   Personenkonstellation und Charakteristiken

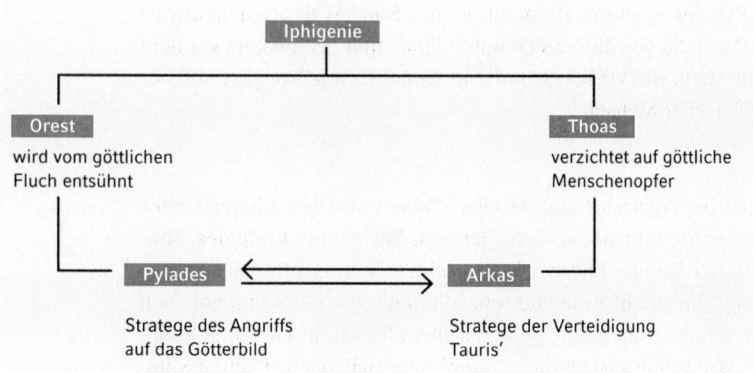

Die Initiatoren der Handlung sind die Vertrauten der Widersacher: Pylades und Arkas. Sie selbst treten, da sie Beauftragte ihrer Herrscher sind, miteinander nicht in Kontakt und verlassen die Bühne, wenn sie ihren Herrschern die Botschaften überbracht haben, ohne sich gegenseitig wahrzunehmen (5. Aufzug, 5. Auftritt).

3.5 Sachliche und sprachliche Erläuterungen

Bei den folgenden Erklärungen mythologischer Namen wurde Karl
Philipp Moritz' *Götterlehre oder Mythologische Dichtungen der Alten*
(1791) bevorzugt herangezogen, da Moritz darin mehrfach einen
„neueren Dichter" aufruft, mit dem er Goethe meinte; seine Erklärungen stellen jenes Wissen dar, das für die Zeitgenossen gültig
und das Wissen Goethes war, der sich mit Moritz 1786 in Rom
befreundete. Das entscheidende Lexikon der Goethe-Zeit war He-
derichs *Mythologisches Lexikon.* Goethes Umgang mit mythologischen Namen und Ereignissen ist aufschlussreich für die Kenntnis-
se, die Goethe beim zeitgenössischen aristokratisch-bürgerlichen
Publikum vermutete.

Titel	Iphigenie	Die so genannte Taurische Göttin (Dea Tauri-ca) ist der Beiname von Diana (Artemis), die „in der Göttin stillem Heiligtum" (V. 3) ange-betet wird. Die Göttin machte sie zur Pries-terin (nach Euripides), nach einer anderen Version wurde sie unsterblich. Nach Hesiod wurde sie zur Göttin Hekate. Ursprünglich war Iphigenie eine chthonische Naturgottheit, die als menschenschlachtende, jungfräuliche Todesgöttin bekannt war.
Titel	Tauris	In der Antike war es der Name für die Halbinsel Krim im Schwarzen Meer. Von dorther kamen im Gegensatz zu den Griechen die Barbaren, zu denen auch die aus der Kolchis gehören (my-thischer Stoffkreis der Medea), ebenfalls am Schwarzen Meer. Mehrere Mythen überlagern sich, vor allem der der Tantaliden mit Iphigenie und der des Goldenen Vlieses mit Jason und Medea. Die Bezeichnung „auf Tauris" weist aus, dass Goethe sich die Landschaft als Insel vorstellte. Das hatte wohl dramaturgische Gründe und war kein Zeichen von Unkenntnis.

3.5 Sachliche und sprachliche Erläuterungen

Schauspiel		Grundbegriff der Dramatik. Er enthält ein **bürgerliches Element**. Oper und Tragödie blieben hohen, Komödie und Lustspiel sozial niederen Figuren vorbehalten. Durch Diderot, Gottsched[38] und Lessing wurde das Schauspiel den neu eintretenden bürgerlichen Schichten geöffnet. Das Schauspiel löste die Konflikte üblicherweise zur allgemeinen Zufriedenheit.
Dianens		s. folgende Erläuterung

1. Aufzug

V. 3	**der Göttin stilles Heiligtum**	Iphigenie nennt die Göttin nicht. Später erfährt der Leser/Hörer, dass es sich um Diana (griech. Artemis) handelt. Iphigenie betritt Hain und Tempel mit Schauder: Diana ist nicht nur Göttin der Jagd, des Zaubers und der Keuschheit, sondern auch Todesgöttin. Sie ist Apolls (der vielseitigste Gott der Griechen als Sonnengott, Gott der Medizin, Dichtung, Mathematik u. v. a.) Zwillingsschwester, und deshalb die Mondgöttin. Ihre Attribute sind Pfeil und Bogen. Apolls berühmtestes Heiligtum stand in Delphi; das dortige Orakel war das einflussreichste der griechischen Geschichte. Entsprechend dieser Bedeutung mussten Orest und Pylades auch diesem Orakel („Apoll / Gab uns das Wort" V. 610 f.) Glauben schenken.
V. 8	**Ein hoher Wille**	Dianens Wille hat Iphigenie vom Opferaltar in Aulis entführt und nach Tauris als Priesterin gebracht.

---

38 In Gottscheds *Kritischer Dichtkunst* (1729) wurden literarische Nachahmungen abgelehnt, die „der Natur nicht ähnlich" sind. Der Dichtung „ganzer Wert entsteht von der Ähnlichkeit"; was nicht „der gesunden Vernunft" genüge, „das kann nicht für vollgültig genommen werden". Weil die Welt aufgeklärter als früher sei, dürfe nichts durch Wunder erklärt werden, sondern durch die Natur: „Man schaue auf die Natur, und dieser folge man: denn das dringt am tiefsten in die Gemüter, was sie einsehn." Damit gab Gottsched dem bürgerlichen Denken Raum und dem Schauspiel eine Chance. Indem Goethe nicht mehr Götter (Wunder) bemühte, sondern Iphigenie (gesunde Vernunft) die Lösung vollbrachte, entsprach er dieser Bestimmung eines Schauspiels.

3.5 Sachliche und sprachliche Erläuterungen

| V. 12 und öfter | **Seele** | Das Wort wird im 1. Aufzug oft verwendet und bestimmt den Konflikt zwischen Iphigenie und Thoas. Bekannt ist vor allem der Vers: „Das Land der Griechen mit der Seele suchend" (V. 12). Arkas kritisiert, Iphigenie sei „wie mit Eisenbanden ... die Seele / Ins Innerste des Busens" (V. 72 f.) geschmiedet. Dann beruft sich Arkas aber auch zweimal auf die „Seele fest" (V. 186, 206) des Thoas. Seele galt als im Lebendigen tätige Kraft, die vom Organismus trennbar ist und die immateriellen Vorgänge genauso bestimmt, wie das Organische von Naturgesetzen bestimmt wird. Andererseits galt die Seele als Kraft für die psychischen und vegetativen Vorgänge. Die Folge war schon bei Plato und Aristoteles die Vorstellung von mindestens zwei Teilen der Seele, die miteinander in Spannung geraten. Der eine Teil, die unsterbliche Seele, sei der Sitz der immateriellen Vorgänge, der andere Teil der Ursprung der organischen Vorgänge. Legt man diese Unterscheidung Goethes Schauspiel auf, so spricht Iphigenie immer von ihrer Seele als etwas Geistigem, dem Göttlichen nahe, während Thoas' Seele „fest und unbeweglich" (V. 206) säkular auf sein Volk und seine Herrschaft gerichtet ist. |
| V. 43 | **Tochter Zeus'** | Diana ist die Tochter Jupiters (Zeus) und der „sanften Latona" (Moritz, *Götterlehre*), der Titanin Leda. Verfolgt und verdammt von Juno (Hera), der Frau Jupiters, die einen Drachen auf sie ansetzte und ihr die Erde verbot, brachte Latona auf der Insel Delos, die als schwimmendes Eiland nicht als Erde galt, die Zwillinge Diana und Apoll zur Welt. |

3.5   Sachliche und sprachliche Erläuterungen

V. 45	**Agamemnon**	König von Mykene und Oberbefehlshaber der Achaier (die Griechen der mykenischen Periode), Bruder des Menelaos und Vater Iphigenies, Orests und Elektras. Er führte das griechische Heer und die Flotte gegen Troja, brachte aus diesem Krieg die Seherin Kassandra als Geliebte mit nach Hause und wurde mit ihr von Klytämnestra und ihrem Geliebten Ägisth ermordet.
V. 47	**Troja**	Stadt im nordwestlichen Kleinasien. Sie war der Schauplatz des in Homers *Ilias* geschilderten Trojanischen Krieges und wurde um 1184 v. d. Z. zerstört. Der Anlass des Krieges war der Raub der Helena, der Schwester Klytämnestras, Schwägerin Agamemnons und Tante Iphigenies, durch den trojanischen Prinzen Paris. Im zehnten Jahr des Krieges wurde Troja durch die List des Odysseus, der das Trojanische Pferd erdachte, von den Griechen erobert. Troja und der Trojanische Krieg sind für die europäische Kunst- und Kulturentwicklung folgenreiche Ereignisse gewesen.
V. 49	**Die Gattin**	Agamemnons Frau und Iphigenies Mutter ist Klytämnestra.
V. 50	**die schönen Schätze**	Die Formulierung der ersten Prosafassung „schöner Schatz" wurde in der letzten Versfassung ersetzt durch „Elektren und den Sohn, / Die schönen Schätze" (V. 49 f.). Der Begriff korrespondiert mit den „Geliebten" im gleichen Monolog. Er wird mehrfach wiederholt und stets auf „Vater, Mutter und Geschwister" (V. 80) bezogen. Ist dagegen materieller Reichtum gemeint, wird von den „königlichen Gütern" oder „Reichtum", nicht von Schätzen, gesprochen (V. 220). Goethes Festspiel *Pandora* bestätigt die Bedeutung des Häuslich-Privaten: Die „Abendasche", die die Glut am häuslichen Herd nicht ausgehen lässt, ist „heil'ger Schatz" (*Pandora*, V. 161).

3.5   Sachliche und sprachliche Erläuterungen

V. 57	**neue Siege**	Iphigenie ist vor Beginn des Trojanischen Krieges nach Tauris gebracht worden, sie trifft Orest mehr als zehn Jahre später wieder. Der Trojanische Krieg ist beendet. Thoas und seine Skythen waren an ihm nicht beteiligt. Allerdings wird an seinen Reaktionen erkennbar, dass er vom Trojanischen Krieg wusste.
V. 113	**Lethe**	Es ist der Fluss des „Vergessens" (griech. Lethe), die anderen Gewässer (Acheron, Styx u. a.) der Unterwelt sind schrecklich. Wer ins Totenreich kam, musste aus ihm trinken, um die Sorgen und den Kummer des Lebens zu vergessen. Darauf bezieht sich auch „gleich einem Schatten" (V. 109), denn im Totenreich gab es nur Schatten in „jenen grauen Tagen" (V. 112); die Unterwelt dachten sich die Griechen als farblos und dämmerig.
V. 164	**Skythe**	Arkas spricht den Skythen die formvollendete Gesprächsfähigkeit ab. Herodot (484–425 v. d. Z.), der das Land der Skythen besuchte, beschrieb die Skythen. Sie unternahmen Plünderungszüge von ihren Siedlungsgebieten in Südrussland aus. Seit dem 6. Jahrhundert v. d. Z. wurden sie sesshaft. Die Griechen, die die nördlich und östlich des Schwarzen Meeres wohnenden Völkerschaften als Skythen bezeichneten, standen mit ihnen in Handelskontakt. Für Goethe sind sie den Griechen ebenbürtig, ihr König ein „edler Mann" (V. 33).

3.5   Sachliche und sprachliche Erläuterungen

V. 306 ff.	**Tantalus, Pelops, Thyest, Atreus**	Gestalten aus dem Tantalidengeschlecht. Tantalus war ein Sohn des Zeus und der Nymphe Pluto; er war zur Tafel der Götter zugelassen. Er und sein Geschlecht wurden von den Göttern verflucht und verfolgt, weil Tantalus übermütig seinen Sohn Pelops geschlachtet und den Göttern als Speise vorgesetzt hatte, um ihre Allwissenheit zu prüfen. Die Götter durchschauten die Tat und erweckten Pelops wieder zum Leben. Tantalus wurde zu ewiger Qual verdammt. – Nach anderer Überlieferung stahl Tantalus für die Menschen die Götterspeise Ambrosia, informierte die Menschen über die Gespräche der Götter und wurde dafür bestraft. Goethe lässt im Unklaren, welches von Tantalus' Verbrechen der Grund für die Strafe war.
V. 314	**Orakelsprüche**	Göttersprüche, die in einem Heiligtum gegeben werden, wo man sich Antworten auf Fragen an den jeweiligen Gott erhoffte. Der wichtigste Orakelgott war Apoll, sein Orakel in Delphi der religiöse Mittelpunkt der griechischen Welt.
V. 321 und 324	**Des großen Donnrers / Jovis**	Gen. von Jupiter (griech. Zeus), war zuerst der Gott des Regens und des Gewitters, dann der oberste Gott. Als Vater der Götter und Menschen verkörperte er die rechtliche Ordnung. Das Zeichen seiner Macht wurde der Donnerkeil, eine Doppelaxt aus Feuerstein.
V. 325	**Tartarus**	Er ist der Wohnort der Nacht, der finstre Wohnort Plutos und ein Ort der Strafen in der Unterwelt. Er ist so weit von der Erde wie die Erde vom Himmel entfernt. Hier hielt Zeus auch die Titanen, Sisyphus und Tantalus gefangen. Der Tartarus wird vom Fluss Pyriphlegethon (Feuerstrom) umflossen.

3.5   Sachliche und sprachliche Erläuterungen

V. 328	**Titanen**	Sie gelten als das älteste griechische Götter-geschlecht, sechs Söhne und sechs Töchter der Mutter Gäa (Erde), das von seinem Vater Uranos (Himmel) im Erdinneren festgehalten wurde. Der jüngste Titan Kronos, Herrscher der Titanen, entmannte den Vater. In dem Kampf mit den jüngeren olympischen Göttern, den Kroniden unter Zeus, unterlagen die Tita-nen und wurden im Tartarus eingeschlossen. Zu ihnen gehörten Okeanos, Iapetos, Themis, Kronos, Hyperion, Prometheus und andere. Trotz und Unbändigkeit zeichneten sie aus.
V. 339	**Önomaus, Hippodamia**	Önomaus, Sohn des Kriegsgottes Ares, war der König von Pisa in Elis. Er zwang Freier seiner Tochter Hippodamia zum Wagenren-nen, bei dem er sie überholte und tötete. Seine Pferde waren vom Winde gezeugte Stuten und schneller als die der Bewerber. Gründe für die Morde war ein Orakel, das ihn vor einem Schwiegersohn warnte, und seine Liebe zu der eigenen Tochter weissagte. Pe-lops bezwang ihn durch eine List: Er ließ die Nägel an der Achse des Wagens durch Wachs ersetzen, das in der Sonne schmolz.
V. 342	**zu dem ersten Sohn**	Dieser Sohn Pelops' mit der Nymphe Astyo-che, einer Danaide, ist Chrysippos. Er wurde der Geliebte des Laios, der ihn nach The-ben entführte. Hippodamia, die erst Atreus und Thyest zum Mord an ihm überreden wollte, brachte Chrysippos schließlich mit dem Schwert des Laios um, „die erste Tat" (V. 345). Laios wurde der Vater von Ödipus. In der Prosafassung Goethes stand „Chrysipp an Namen".

3.5   Sachliche und sprachliche Erläuterungen

V. 360	**Gebieten Atreus und Thyest der Stadt**	Atreus hatte nach dem Tod Chrysippos' Zuflucht in Mykene gesucht und war, nach dem Tode des Herrschers, zum König gewählt worden. „Thyest war ihm dahin gefolgt und nahm am Glücke des Atreus teil." (Moritz, *Götterlehre*) Atreus sollte Mykene gegen die Herakliden schützen. Eine andere Version besagt, Atreus und Thyest wurden gemeinsam von den Mykenern gewählt und es entspann sich ein Kampf zwischen beiden, wer als König gekrönt werden sollte. Er begann damit, dass Thyest „seines Bruders Bette [entehrte], indem er mit der Aerope, des Atreus Gattin, zwei Söhne erzeugte" (Moritz, *Götterlehre*).
V. 363	**Des Bruders Bette**	Die Gattin des Atreus war Aerope. Sie war die Mutter Agamemnons, Menelaos' und Anaxibias, also die Großmutter Iphigenies und Pylades' (Sohn der Anaxibia). Nachdem Atreus von Aeropes Ehebruch mit Thyest erfuhr, vertrieb er Thyest aus dem Reich und ließ Aerope ins Meer stürzen.
V. 366	**Dem Bruder einen Sohn entwandt**	Thyest hatte Pleisthenes, den Sohn des Atreus mit Kleola, die nach der Geburt gestorben war, bei sich als seinen Sohn erzogen und ihn mit „Wut gegen den Atreus seine Seele erfüllt" (Moritz, *Götterlehre*), um Atreus zu töten. Atreus erkannte den Anschlag und ließ Pleisthenes hinrichten. Zu spät erfuhr er, dass er damit den eigenen Sohn hingerichtet hatte. In der Prosafassung nannte Goethe den Sohn „Plisthenes".

3.5   Sachliche und sprachliche Erläuterungen

V. 391	**Und ihren Wagen aus dem ew'gen Gleise**	Nach einem Bericht soll Helios nach diesen grauenhaften Ereignissen seinen Wagen umgedreht haben. Der Sonnengott Helios fuhr täglich mit dem vierspännigen Sonnenwagen über den Himmel. Nach einem anderen Bericht war der Wechsel der Richtung ein Signal von Zeus für Atreus: Als Thyest sich zum König Mykenes aufgeschwungen hatte, war es ein Zeichen, dass Betrug dahinter steckte. Die Sonne ging rückwärts. Zeus kehrte dieses einzige Mal die Gesetze der Natur um, die bis dahin unabänderlich gewesen waren. Helios wendete seine Pferde gegen die Morgendämmerung. Die Sonne ging im Osten unter. Atreus bestieg wieder den Thron und verbannte Thyest.
V. 414	**der schönsten Frau**	Die schönste, aber treulose Frau war Helena, Tochter des Zeus und der Leda, Klytämnestras Schwester, die Gattin des spartanischen Königs Menelaos und die Tante Iphigenies. Sie wurde vom trojanischen Prinzen Paris entführt. Dieser hatte sich von Aphrodite bestechen lassen. Im Streit der Göttinnen Hera, Athene und Aphrodite hatte er diese zur schönsten Göttin erklärt und ihr den Apfel als Zeichen des Sieges überreicht, weil sie ihm die schönste Frau versprochen hatte.
V. 419	**Aulis**	Hafenstadt Böotiens, in der sich die Flotte der Griechen gegen Troja sammelte. Hier vollzogen sich Opferung und Rettung Iphigenies. Euripides behandelt die Vorgänge in der *Iphigenie in Aulis*, die Friedrich Schiller 1788 übersetzte.
V. 423	**Kalchas**	Priester des Apoll, Seher und Vogelschauer (Deuter von Vogelflügen). Er galt als wichtiger Weissager vor und während des Trojanischen Krieges. Er starb vor Kummer, als er in einem Seherwettstreit überwunden wurde.

3.5 Sachliche und sprachliche Erläuterungen

V. 499 f.	geerbtes Recht / An Jovis Tisch	Thoas reagiert ironisch auf das Geständnis. Iphigenies Götternähe als Tantalidin stellt er sich als „erdgebornen Wilden" gegenüber.
V. 538 ff.	Du hast Wolken ...	Iphigenies Monolog ist rhythmisch frei, meist vierhebig. Er unterscheidet sich deutlich von der sonstigen Rede und bekommt dadurch den Charakter eines Gebetes.

2. Aufzug

V. 563	Apollen	Apollon ist der Sohn Zeus' und der Leto, der Zwillingsbruder der Artemis (Diana) und der Repräsentant einer jüngeren Götterwelt, die im Gegensatz zur archaischen Mütterwelt (Erinnyen) eine Vaterwelt ist. Er ist Gott des Lichtes, Todesgott der Männer und Gott der Weisheit, der Heilkunst und der Künste. Heilig war ihm der Schwan, der sterbend herrlich gesungen haben soll. Sein Heiligtum ist Delphi.
V. 564	Rachegeister	Die aus der Unterwelt stammenden drei Erinnyen oder Eumeniden (römisch: Furien) verfolgten Verwandtenmord und bestraften ihn. Sie verkörperten das „schlechte Gewissen" und wurden nicht wie andere Götter verehrt. Sie wurden mit Schlangenhaaren, Fackeln und Geißeln dargestellt.
V. 588	Kein Tummelplatz für Larven	Man war in der Antike der Meinung, dass die Bösen zur Strafe für ihre Vergehen ruhelos und ziellos auf der Erde umherirrten, zur Abschreckung der anderen. Man nannte diese Irrenden „Larven" (Lemuren). Vgl. dazu Lessings Abhandlung *Wie die Alten den Tod gebildet* (1769).
V. 598 ff.	durch die verworrnen Pfade ... wieder aufzuwinden	Die Verse erinnern an Theseus, der durch das Aufwickeln des Ariadnefadens aus dem Labyrinth des Minotaurus fand.

3.5 Sachliche und sprachliche Erläuterungen

V. 629	Höllen-geister	Es gab in der Antike keine Hölle; der Begriff stammt aus der christlichen Vorstellungswelt und wäre für Pylades eigentlich nicht verfügbar, wenn nicht Goethe mehrfach antike Idealität und christliche Humanität in der gleichen Bilderwelt aufgehen ließe.
V. 636	Orkus	römisch für Hades, ursprünglich Gott der Unterwelt und Herr der Toten, später auch Bezeichnung für den Ort der Abgeschiedenen. Eine Wiederkehr von dort war nicht möglich.
V. 722	Bringst du die Schwester zu Apollen hin	Bei Euripides soll Orest im Auftrag Apolls das Bild der Schwester nach Athen bringen. Goethe ersetzt Athen durch das Ziel Delphi. In der Prosafassung wird der Name der Göttin genannt: „Apoll gebeut dir, vom taurischen Gestad' Dianen, die geliebte Schwester, nach Delphos hinzubringen". In der Versfassung ist nur noch von der „Schwester" die Rede. Dadurch bekommt der Orakelspruch seine Mehrdeutigkeit und der Konflikt (es gibt zwei Schwestern: Diana und Iphigenie) sowie seine spätere Lösung werden deutlich.
V. 762	Ulyssen	Ulyss: lateinischer Name für Odysseus, den König von Ithaka. Er ist der Stratege im Trojanischen Krieg, listenreich und diplomatisch, und irrt nach dem Ende des Krieges zehn Jahre auf dem Mittelmeer umher. Er ist insgesamt zwanzig Jahre von seiner Heimat Ithaka abwesend. In der Mythenrezeption nimmt er einen außergewöhnlichen Platz ein: Exilschicksale wurden bis in die Gegenwart mit ihm in Verbindung gebracht. Andererseits ist er in Dantes *Göttlicher Komödie* der zu neuen Ufern Aufbrechende, der das antike Weltbild verlässt und im Unbekannten der modernen Renaissancewelt willentlich scheitert.

3.5 Sachliche und sprachliche Erläuterungen

V. 772	**fremdes, göttergleiches Weib**	Pylades weiß nicht, dass die Priesterin Iphigenie ist. Aber er hat erfahren, dass sie nicht von Tauris ist und durch ihre Priesterschaft göttergleich wirkt.
V. 777	**Amazonen**	Ein kriegerisches Frauenvolk, das auf Seiten der Trojaner am Krieg teilnahm. Ihre Königin Penthesilea wurde von Achill getötet.
V. 824	**Söhne des Adrasts**	Pylades beginnt eine Lügengeschichte im Stil des Odysseus. Orest hatte Pylades eine Szene zuvor schon mit Odysseus verglichen. Dennoch ist die Geschichte, die Pylades entwirft, aufschlussreich. Sein Vater sei Adrast von Kreta, er werde Cephalus genannt, der Älteste der Söhne – er meint Orest – sei Laodamas. Die Geschichte ist geschickt, denn sie benutzt den Trojanischen Krieg, von dessen Ausbruch Iphigenie weiß, über dessen Verlauf und Ende sie aber keine Kenntnisse hat. Der wirkliche Adrast führte ein trojanisches Hilfsheer und fiel, nachdem Menelaos zögerte, unter den Händen Agamemnons. (Adrast bot Menelaos „volle Lösung von Erz und Gold aus dem Schatze meines Vaters" (Gustav Schwab), wenn er ihn am Leben ließe.) Iphigenies Vater wurde so zum Mörder von Cephalus und Laodamas' Vater. Doch verändert Pylades die Geschichte, lässt den Vater aus dem Trojanischen Krieg heimkehren und erst danach friedlich sterben. Als es zwischen den drei Söhnen Adrasts zum Streit um das Erbe kam, erschlug Laodamas (Orest) den mittleren Sohn. Cephalus (Pylades) bekommt so die Möglichkeit, in der Auseinandersetzung um das Erbe Orest eine Blutschuld aufzubürden, weil er einen Bruder erschlug. Iphigenie erfährt erstmals vom Fall Trojas und bittet um Aufklärung. Pylades berichtet ihr von der Ermordung ihres Vaters. Nun sind die beiden scheinbar gleichgestellt: Beider Väter – Agamemnon und Adrast – waren Gegner im Trojanischen Krieg, aber beider Väter sind tot.

3.5   Sachliche und sprachliche Erläuterungen

V. 862	**Barbaren**	Der Begriff erlebte einen großen Bedeutungswandel. In der Antike wurden von den Griechen alle Nichtgriechen bzw. Menschen, die nicht die griechische Sprache beherrschten, als „Barbaren" bezeichnet. Sie konnten allerdings für die Griechen sogar Vorbild sein, wie einige Trojaner – die hier gemeint sind. Später wurden Ungebildete bzw. Heiden als Barbaren bezeichnet, in der Gegenwart sind Barbaren brutale, unzivilisierte, zerstörerische und menschenverachtende Wüstlinge, die mit dem Begriff bei Goethe nichts zu tun haben.
V. 863	**seinem schönen Freunde**	Achill war der tapferste Held der Griechen; Iphigenie wurde unter dem Vorwand, mit ihm vermählt zu werden, nach Aulis gerufen. „Sein schöner Freund" Patroklos fiel durch Hektors Hand vor Troja, Achill tötete Hektor in seinem Kummer über den Tod des Geliebten. Bald darauf wurde er von Paris durch einen Pfeilschuss in die Ferse getötet; es war die einzige Stelle, an der er verwundbar war. In einer anderen Version des Mythos heiratete Iphigenie Achill.
V. 865	**Palamedes, Ajax Telamons**	Palamedes galt als kluger Krieger: Er erfand das Würfelspiel, das Alphabet, die Maße, Waagen und anderes. Er wurde vom listigen Odysseus fälschlicherweise des Verrats bezichtigt und vom Heer zu Tode gesteinigt. (Über seinen Tod gibt es mehrere unterschiedliche Versionen; immer aber war Odysseus an ihm beteiligt.) – Nach dem Tod Achills brach Streit um seine Waffen aus. Die Griechen sprachen sie Odysseus zu, worüber Ajax, nach Achill „der Tapferste unter den Griechen (...) aus Missmut sich selbst entleibte" (Moritz, *Götterlehre*).

3.5 Sachliche und sprachliche Erläuterungen

| V. 881 | Ägisth | griech. Aigisthos. Von Thyest in Blutschande mit seiner Tochter Pelopeia gezeugter Sohn, der Atreus tötete, mit Klytämnestra die Ehe brach und mit ihr Agamemnon ermordete. Orest tötete ihn deshalb. – In der Genealogie der Tantaliden nimmt er als Sohn und zugleich Enkel des Thyest eine Sonderstellung ein. |
| V. 889 | diese Gräuel melde | Pylades' Schilderung der Ermordung Agamemnons folgt Äschylos' *Totenopfer*, V. 978 ff. |

3. Aufzug

V. 942	Vatergötter	Die römischen Haus- und Familiengötter waren in der Nähe des Herdfeuers aufgestellt.
V. 980	Avernus	Ein kreisförmiger Kratersee in Kampanien, „über dem kein Vogel fliegen konnte" (Moritz, *Götterlehre*). Nach römischer Vorstellung – sie überlagert hier die griechische – war es ein Gift aushauchender See und der Eingang zur Unterwelt; später wurde die Unterwelt selbst so bezeichnet.
V. 1003	So haben mich die Götter	Orests Bericht seines Muttermordes entspricht wiederum dem *Totenopfer* des Äschylos sowie den Elektra-Dramen des Euripides und Sophokles.
V. 1010	Strophius	war ein Verbündeter des Atreus, der die Schwester Agamemnons, Anaxibia, heiratete, dadurch „Schwäher" (Schwager) Agamemnons wurde, und mit ihr Pylades zeugte. Bei ihm wuchs Orest auf und es entstand die sprichwörtliche Freundschaft zwischen Orest und Pylades, die nach dieser Version Cousins sind. Strophius regierte über Krisa am Fuße des Parnassos.

3.5 Sachliche und sprachliche Erläuterungen

V. 1054 und 1068	**der Nacht uralten Töchtern, (...) Von dem ein alter Fluch (...)**	Gemeint sind die Erinnyen (Furien) Alekto, Tisiphone und Megära, die sowohl Schicksalsgöttinnen als auch die Töchter der Nacht sind. Sie wurden als Töchter des Uranos von der Erde verbannt, nachdem sie aus den Blutstropfen entstanden waren, die flossen, als Kronos mit einer steinernen Sichel das männliche Glied des Uranos abschnitt. Wie sie entstanden auch Nymphen aus diesem Blut.
V. 1062	**Acheron**	Der Fluss umgibt die Unterwelt, er fließt „mit den Seufzern der Sterbenden" (Moritz, *Götterlehre*). Die Toten müssen ihn im morschen Boot des Fährmanns Charon überfahren und kehren danach niemals wieder in die Oberwelt zurück.
V. 1081	**Sei Wahrheit**	Dieser Halbvers – andere finden sich in V. 1053 und dem abschließenden V. 2174 – bezeichnet den Höhepunkt des Stückes, nicht aber die „Achse des Stückes" (s. S. 52 ff. der vorliegenden Erläuterung).
V. 1094	**Erfüllung, schönste Tochter**	Die Göttin der Anmut, der Gnade, des Liebreizes und der Gunst, Charis, wird angerufen; sie ist die Tochter des Zeus und der Eurynome, Tochter des Ozeans, und wird die Frau des Hephaistos. Aus der ursprünglich einen Göttin wurden schließlich drei Chariten: Euphrosyne, Thalia, Aglaia (in der römischen Mythologie: die drei Grazien).
V. 1115 f.	**Schatten / des abgeschiednen Freundes**	Möglicherweise ist damit Achill gemeint, mit dem Iphigenie verheiratet werden sollte. Es war aber ein Vorwand, um sie nach Aulis zu bringen. In der Prosafassung wird an der Stelle Hyazinth genannt, ein spartanischer Königssohn und Liebling Apollons, der versehentlich von Apollo getötet wurde.

3.5   Sachliche und sprachliche Erläuterungen

V. 1162	Gorgone	Die Gorgonen waren die drei Kinder einer blutschänderischen Beziehung zwischen den Geschwistern Porkys und Ceto; sie waren, neben anderen Ungeheuern aus dieser Verbindung, dämonische Frauengestalten mit glühenden Augen und Schlangenhaaren. Die Gorgone Medusa hatte zudem die Fähigkeit, den Menschen, der sie anblickte, in Stein zu verwandeln. Aus dem Blut Medusas, der Perseus das Haupt abgeschlagen hatte, sprang der geflügelte Pegasus, das göttliche Pferd der Poesie, hervor.
V. 1176	Kreusas Brautkleid	Medea, die Frau Jasons und beteiligt am Raub des Goldenen Vlieses, schickte Kreusa, der neuen Geliebten Jasons, der Tochter Kreons von Korinth, ein vergiftetes Kleid, in dem diese verbrannte. Hier berühren sich die Mythenkreise der Argonauten und der Tantaliden.
V. 1178	Herkules	griech. Herakles, der tatenreichste Held der griechischen Antike, wurde durch eine List überwältigt, indem er ein Nessushemd (Nessos war ein von Herakles getöteter Centaur) anzog und dadurch so gequält wurde, dass er sich auf dem Berge Öta verbrannte, um seinen Qualen zu entgehen. Aus diesem Tod stieg Herakles zu den Göttern des Olymp empor und wurde mit Hebe, der Göttin der ewigen Jugend, vermählt.
V. 1188	Lyäens Tempel	Lyän oder Lyäos, der Sorgenlösende, war der Beiname des Weingotts Dionysos.
V. 1197	vom Parnass die ew'ge Quelle	Im Gebirge Parnassos liegt Delphi, das Zentrum Apolls. Die Musen hielten sich gern dort auf. Hier entspringt der kastalische Quell, der seinen Ursprung einem Hufschlag des Pegasus verdankt. Die Quelle war den Musen geweiht und wurde in der Literatur, von Goethes *Wilhelm Meister* bis zu Hermann Hesses Roman *Das Glasperlenspiel*, als Ausgangspunkt und Zentrum aller Kunst betrachtet.

3.5 Sachliche und sprachliche Erläuterungen

V. 1201	**Nymphe**	Nymphen, meist Töchter des Zeus, waren in der Antike als Quell- und Bergnymphen niedere Gottheiten. Goethe hat hier wahrscheinlich nicht an die antiken Nymphen gedacht, sondern sich des Begriffs bedient, wie ihn Shakespeare in *Hamlet* verwendete, der die schöne Ophelia als „Nymphe" bezeichnete und die Bedeutung schillernd werden ließ. Zu Goethes Zeit wurde er auch verächtlich verwendet für „Dirne". Orest scheint sich unsicher zu sein, wen er wirklich vor sich hat.
V. 1258	**Noch einen!**	Orest gibt nun den gleichen Familienbericht, den man von Iphigenie her schon kennt (vgl. V. 306 ff.). Wenn aber Orest aus Lethes Fluten „Noch einen … den letzten kühlen Becher der Erquickung" verlangt, bedeutet das, nach seinem Bericht wird endlich alles vergessen, die Familie entsühnt sein.
V. 1340	**Parze**	ursprünglich eine Geburtsgöttin; später wurde sie verdreifacht und zu Schicksalsgöttinnen (griech. Moiren). Sie knüpften den Lebensfaden, nahmen Maß und durchschnitten ihn wieder. Vgl. auch V. 1720.
V. 1362 f.	**Die Erde dampft …**	Orest, von den Göttern und Rachegöttinnen verabschiedet, sieht sich der Heimaterde verpflichtet und spürt das Angebot eines sinnvollen Lebens. Ähnlich will sich Kleists Prinz von Homburg (im gleichnamigen Stück) auf seine Güter zurückziehen, wenn er von der Hinrichtung verschont bleibt, dort „säen, ernten, / Als wär's für Weib und Kind" (3. Akt, 5. Auftritt, V. 1030 ff.). Eine literarische Verwandtschaft beider Zitate ist offensichtlich.

3.5 Sachliche und sprachliche Erläuterungen

4. Aufzug

V. 1369 ff.	**Denken die Himmlischen**	Erneut wird der jambische Rhythmus verlassen und durch freie Rhythmen ersetzt, die durch die Daktylen wie ein Gebet klingen.
V. 1438	**Der Göttin Bild**	Bei Euripides sollen auch Orest und Pylades im Meer entsühnt werden, günstige Gelegenheit zur Flucht.
V. 1609	**Zur Felseninsel**	Damit ist Delphi, Apolls Heiligtum, gemeint, das sich Goethe als Insel vorstellte, wie es in seinen Überlegungen zu einer Fortsetzung des Dramas *Iphigenie auf Delphi* deutlich wird.
V. 1720 ff.	**Parzen**	Die unerbittlichen Parzen (griech.: Moiren) waren Lebens- und Schicksalsgöttinnen, die es auch in germanischen Mythen gab: Die drei Schicksalsgöttinnen stehen für Vergangenheit, Gegenwart und Zukunft. Sie sind auch die Dreifaltige Mondgöttin; deshalb erscheinen sie in weißer Kleidung und der Leinenfaden ist ihnen heilig. „Die Parzen bezeichnen die furchtbare, schreckliche Macht [des notwendigen Zusammenhangs aller Dinge, R. B.], der selbst die Götter unterworfen sind, und sind doch weiblich und schön gebildet, spinnend und in den Gesang der Sirenen stimmend." (Moritz, *Götterlehre*) Das Parzenlied erinnert an Herders Übersetzungen aus der *Edda* in den *Stimmen der Völker in Liedern*, aber auch an die Goethe'schen Hymnen der frühen achtziger Jahre.

3.5 Sachliche und sprachliche Erläuterungen

5. Aufzug

V. 1790	**meiner Ahnherrn rohe Hand**	Thoas stellt einen entscheidenden Unterschied zu Iphigenie fest. Beide sind intellektuell, ethisch und auch politisch weitgehend gleich, was ihre Kenntnisse und Einschätzungen des Weltgeschehens betrifft. Ihre Herkunft ist unterschiedlich. Stammt Iphigenie aus Tantalus' Geschlecht, das mit den Göttern tafelte und verkehrte, so sind Thoas' Vorfahren wilde Skythen. Seine Entwicklung zu einem menschenfreundlichen König ist ein größerer Schritt zur Humanität als Iphigenies Haltung, die zudem noch von der Priesterschaft geschützt ist. Bemerkenswert ist, dass Iphigenie als Priesterin und als Unbekannte Einfluss auf Thoas hatte. Nachdem Iphigenie sich aber als Königstochter zu erkennen gegeben hat, befiehlt Thoas ihr wie einem Lehnsmann. Iphigenie fragt ihn deshalb erstaunt: „Der Unbekannten Wort verehrtest du, / Der Fürstin willst du rasch gebieten?" (V. 1823 f.) Thoas verlässt die Position des aufgeklärten Fürsten und beruft sich wieder als absolutistischer Herrscher auf ein „alt Gesetz" (V. 1831).
V. 1815	**seine Gegenwart bleibt unbefleckt**	Der Begriff „Gegenwart" gehört zu Goethes Lieblingswörtern, vor allem in Italien, so auch bei der Betrachtung der Bilder Mantegnas. In den Briefen an Frau von Stein fällt häufig das Wort „Gegenwart", aber auch im Stück. Goethe versteht unter „Gegenwart" nicht die zeitliche Situation, sondern immer die Gegebenheit. Im zitierten Beispiel bedeutet es soviel wie seine „gegenwärtige Persönlichkeit".
V. 1916	**Allein Euch leg ich 's auf die Knie!**	Erscheint wie eine homerische Redewendung. Es bedeutet, den Göttern die Entscheidung zu überlassen, ob Iphigenie mit ihrem Bekenntnis zur Wahrheit richtig gehandelt hat.

3.5 Sachliche und sprachliche Erläuterungen

V. 1936	**Verdirb uns – wenn du darfst**	Diese weltberühmte Aufforderung Iphigenies ist tatsächlich eine Zumutung. Sie zwingt Thoas, den ethischen Grundsätzen Iphigenies zu folgen und sein eigenes ethisches Programm aufzugeben, das immerhin davon ausging, die aggressiven Griechen von seinem Taurien fern zu halten. Thoas reagiert ausgesprochen sensibel darauf und voller Ironie: Er soll als „rohe(r) Skythe, der Barbar" (V. 1937), der Iphigenie längst ebenbürtig ist, größere ethische Leistungen vollbringen als die Griechen, die allerdings ausnahmslos von Tantaliden vertreten werden, die durch ihre Verbrechen berüchtigt sind. Eigentlich ist von nun an Thoas der moralisch Überlegene: Er hat nichts zu sühnen, nichts zu verbergen und auch keine Interpretationen göttlicher Orakel zu geben. Er kann ein schlichter, aber kluger und edler Mensch sein.
V. 2067	**Der rasche Kampf**	Die Einheit der Handlung wird auf geniale Weise erreicht. Obwohl sich grundsätzliche Dinge gelöst haben – der Fluch hat keine Wirkung mehr, Orest ist entsühnt, mit den Tauern wird es wahrscheinlich gute Beziehungen geben – hat sich nichts an der grundsätzlichen historischen und gesellschaftlichen Bedeutungslosigkeit der Frau geändert. Iphigenie hatte eingangs (V. 23 ff.) darüber geklagt, fast mit den gleichen Worten schließt sie nun die Handlung ab: „Allein die Tränen (...) der verlassnen Frau / Zählt keine Nachwelt, und der Dichter schweigt / Von tausend durchgeweinten Tag- und Nächten." (V. 2069 ff.) Goethe allerdings ist der Dichter, der nicht mehr schweigt und das Problem benennt.

3.5   Sachliche und sprachliche Erläuterungen

V. 2104	**Dem goldnen Felle**	Gemeint ist das Goldene Vlies, so stand es auch in der Prosafassung. – Es ist eine weitere Anspielung auf die Fahrt der Argonauten, als Jason mit Herakles und Odysseus das Goldene Vlies (Fell) aus Kolchis raubte. Kolchis lag in der Nähe Tauriens. Die Orte der Mythen sind sich nahe.
V. 2119	**Du Heilige**	Orest beschreibt seine Schwester scheinbar anachronistisch in einem christlichen Sinne. Goethe hat hier wiederum antike und klassische ethische Ansichten punktuell zusammengefasst. Iphigenie ist in ihrer Ehrlichkeit und Menschlichkeit eine zeitlose Gestalt, die antiken und christlichen Werten entspricht. Die herausragende Bedeutung des Begriffs „Heilige" wird daran erkennbar, dass in seinem Umfeld mehrfach das zugehörige Attribut „heil'ge" verwendet wird (V. 2127, 2131).
V. 2174	**Lebt wohl!**	Das *Deutsche Wörterbuch* der Brüder Grimm (Bd. 30, Spalte 1025/26) gibt für das 18. Jahrhundert eine Vielzahl von Bedeutungen an und weist darauf hin, dass es sich um ein Vollwort in der Bedeutungsspanne von „gut" bis „glücklich" handelte, also sich noch nicht auf die formalhafte Bedeutung des Abschieds beschränkte.

3.6 Stil und Sprache

ZUSAMMEN-FASSUNG

Der Text ist durchgängig hochsprachlich angelegt und vermeidet Stilbrüche. Das Stück wurde von Goethe mehrfach umgearbeitet, wobei es kaum Eingriffe in den Handlungsablauf gab, sondern nur in die sprachliche Gestaltung. Der Text schwankte zwischen Prosa und Vers, wobei der Alexandriner vom Jambus abgelöst wurde; Goethe strebte Vollkommenheit an.

Die Umarbeitung in Jamben erfolgte unter dem Einfluss von Karl Philipp Moritz. Nur Iphigenie darf zwischen verschiedenen Metren wechseln. Für die Dialogführung wird häufig die Stichomythie (Wechselrede) genutzt.

Komplizierte, würdevolle Sprache

Die Sprache des Stücks war schon zu Goethes Zeit eine Sprache der Würde und priesterlicher Vollendung, keineswegs alltäglich und manche Zeitgenossen empfanden „die gräzisierenden Wortbildungen und syntaktischen Fügungen" als „befremdlich"[39]. Komplizierte Satzkonstruktionen und Anrufungskonstruktionen finden sich bereits im eröffnenden Monolog der Iphigenie („Heraus in eure Schatten ..." V. 1, „Weh dem ..." V. 15, „Dir meiner Retterin" V. 37). Auffallend sind zusammengesetzte Partizipien, wie sie sich ähnlich in Übersetzungen Homers finden: „Hochbegnadigten" (V. 309), „alterfahrnen" (V. 312), „langbewährten" (V. 471), „frechvergossnen" (V. 1027 f.), „oftgewaschnen" (V. 1028) usw. Schiller bemängelte 1789 „eine Überladung des Dialogs mit Epitheta, durch eine oft mit Fleiß schwerfällig gestellte Wortfolge und der-

---

39 Borchmeyer, S. 125.

3.6 Stil und Sprache

gleichen mehr."[40] Dabei ist zu berücksichtigen, dass das Stück für ein höfisches Liebhabertheater gedacht war; entsprechend hoch waren die sprachlichen Erwartungen.

Prosa und Vers

Das Schwanken zwischen Prosa und Versen, wie es die Entstehungsgeschichte der *Iphigenie* erkennen lässt, war typisch für die Zeit, in der der Alexandriner, wie ihn Gottsched gefordert und die Aufklärung verwendet hatte, bei den Stürmern und Drängern seine Bedeutung verlor und sich der Blankvers entwickelte. Lessing hatte in Abwehr eines falschen Pathos, das durch die Bevorzugung des Alexandriners unabsichtlich verbreitet worden war, in seinen Dramen die Gestalten vorwiegend Prosa reden lassen. Er kehrte in *Nathan der Weise* zum Jambus zurück, nachdem er sich schon 1755 für den reimfreien Jambus (Blankvers) entschieden hatte.[41] Schiller ging den gleichen Weg in *Don Carlos* und Goethe „genügte die frühere prosaische Behandlung seiner *Iphigenie* und des *Tasso* so wenig, dass er sie im Lande der Kunst selbst sowohl dem Ausdruck als der prosodischen Seite nach durchweg zu jener reineren Form umschmolz, durch welche diese Werke immer von neuem zur Bewunderung hinreißen"[42].

---

40 Friedrich Schiller: *Über die Iphigenie auf Tauris*. In: Schillers Werke. Nationalausgabe. 22. Band. Hrsg. von Herbert Meyer. Weimar: Hermann Böhlaus Nachfolger, 1958. S. 212.
41 Gemeinhin wird der reimlose, fünffüßige Jambus und seine Verwendung in Deutschland erstmals mit Lessings *Nathan der Weise* in Verbindung gebracht. Allerdings war er schon 1748 von Johann Elias Schlegel, danach von Wieland, von Klopstock im *Salomo*, bei Gotter und anderen verwendet worden. Goethe wollte ihn 1765 im 5. Akt des *Belsazar*, dem ältesten Zeugnis seiner dramatischen Versuche, verwenden, die anderen Akte dichtete er in Alexandrinern. Er hat am 6. Dezember 1765 an seine Schwester Cornelia geschrieben: „Dieses Schwester, ist / Das Versmaß, das der Brite braucht, wenn er / Auf dem Kothurn im Trauerspiele geht."
42 Georg Wilhelm Friedrich Hegel: *Ästhetik*. Band II, Berlin und Weimar: Aufbau Verlag, 1965. S. 376.

3.6   Stil und Sprache

Jambus

Karl Philipp
Moritz

Bei der Umarbeitung in die endgültige jambische Fassung war **Karl Philipp Moritz** für Goethe ein entscheidender Helfer. Dessen *Versuch einer deutschen Prosodie*[43] (1786) sei ein „Leitstern"[44] gewesen, vermittelt während des täglichen Umgangs miteinander in Rom. Es ging Moritz um den Wert der Silben: „Ich habe es versucht, die prosodischen Regeln unsrer Sprache, welche bisher von unsern guten Dichtern, größtenteils bloß nach einem natürlichen Gefühl des Richtigen, beobachtet worden sind, in ein System zu ordnen."[45] Man versuchte zu dieser Zeit, auf die deutsche Literatur den Rhythmus der griechischen aufzulegen. Das bedeutete, sie nach Längen und Kürzen, nicht aber nach Hebungen und Senkungen zu messen. Für Moritz war die Silbenlänge samt ihrer Bewertung im Vers mit Inhalten verbunden. Eine entscheidende Feststellung zum Jambus, den Goethe in seiner *Iphigenie* dann verwendete, lautete bei Moritz:

> „In diesen beiden einfachen Versetzungen [–‿ oder ‿–; Trochäus oder Wälzer und Jambus oder Schleuderer, R. B.] liegen im Grunde alle übrigen Silbenmaße, sie mögen so zusammengesetzt sein, wie sie wollen, wie in ihrem Keime verborgen. Jede Zusammenstellung von Silben ist entweder jambisch oder trochäisch; neigt sich entweder zum Fall oder zum Sprunge."[46]

In dem ersten Monolog Iphigenies findet sich die berühmte Formulierung, die in der ersten Prosafassung noch ungelenk klingt:
„... mein Verlangen steht hinüber nach dem schönen Land der

---

43   Prosodie (griech.: Beigesang) ist die Lehre von der Quantität (Länge und Kürze) und dem Akzent (Betonung) der Silben. Siehe auch Fußnote 44.
44   Goethe: *Italienische Reise*. BA 14, S. 321.
45   Karl Philipp Moritz: *Versuch einer deutschen Prosodie. Vorbericht*. In: ders.: Werke, 3. Band, Frankfurt am Main: Insel-Verlag, 1981. S. 472.
46   Ebd., S. 494.

3.6   Stil und Sprache

Griechen". Es wurde daraus: „Das Land der Griechen mit der Seele suchend" (V. 12). Der Vers ist sprachlich vollkommen; er erhält
beim Sprechen einen außergewöhnlichen Klang: Der jambische
Fünfheber führt von *a*- und *i*-Assonanzen (d*a*s L*a*nd, Gr*i*echen m*i*t)
zu einer *s*-Alliteration (*S*eele *s*uchend). Es sei an dieser Stelle ein
Wort zu **Iphigenies Sprache** gesagt. Iphigenie verwendet den
Jambus. Jedoch hat sie mehr Möglichkeiten als andere Gestalten
zur Verfügung. Als Priesterin darf sie ritualisiert sprechen (I, 4,
V. 538 ff.; IV, 1, V. 1365 ff.; IV, 5, V. 1726 ff.) und den Jambus verlassen, auch trochäische Maße nutzen, die an Beschwörungsfor-
meln erinnern: „O enthalte vom Blut meine Hände! / Nimmer
bringt es Segen und Ruhe." (V. 549 f.) Sie singt, betet und hat zu
ihrem Schutz nur das Wort zur Verfügung: „Ich habe nichts als
Worte, und es ziemt / Dem edlen Mann, der Frauen Wort zu
achten."(V. 1863 f.) Dadurch setzt sie aber ihre Worte selbstbe-
wusster ein als die Männer, selbst in Situationen, die ihr psychisch
alles abverlangen wie ihr Geständnis: „Vernimm! Ich bin aus Tantalus' Geschlecht." Thoas antwortet überrascht: „Du sprichst ein
großes Wort **gelassen** aus" (V. 306, Hervorhebung R. B.).

    Eine auffällige sprachliche Besonderheit des Stückes ist, dass
manche wichtigen Textpassagen bis zu ihrem Einsatz in Monolog
oder Gespräch von den Gestalten verdrängt oder verheimlicht wurden und sie erst durch eine bestimmte Situation bewusst zu werden scheinen. Schon die kritische Betrachtung der Situation im
ersten Monolog Iphigenies entspricht nicht einer dienstbaren
Priesterin. Derartige schwierige Sprechsituationen entstehen auch
bei Iphigenies Geständnis ihrer Herkunft (V. 306 ff.), bei Orests
Entdeckung seiner Identität gegenüber Iphigenie (V. 1080 ff.), bei
Orests Traum und Vision (V. 1258 ff.) und während Iphigenies Erinnerung an das Parzenlied (V. 1694 ff.). Diese Textstellen haben
durchweg einen imperativischen Gestus. Ähnlich hervorgehoben

*Iphigenies
ritualisierte
Sprache*

*Imperativischer
Sprachgestus*

3.6   Stil und Sprache

sind die unvollständigen Verse; bei besonders wichtigen Aussagen wird nur ein Teil des fünffüßigen Jambus genutzt: „... zwischen uns / Sei Wahrheit! /" (V. 1081)

Stichomythie

     Zu den sprachlichen Besonderheiten des Textes gehört die „Stichomythie", bei der Goethe Euripides folgt. Es ist das/die für antike Trauerspiele typische dramatische Wechselgespräch/Schlag-Wechselrede[47], verwirklicht als konsequenter Wechsel von Rede und Gegenrede, Satz und Gegensatz. Die Stichomythie wechselt mit umfangreichen Redepartien, sie dient der schnellen Information und der Steigerung von Leidenschaften. Allerdings hat Goethe sie weit seltener verwendet als Euripides. Er setzte sie dort ein, wo Iphigenie die schnelle Information sucht, in Gesprächen mit Arkas (I, 2; IV, 2) über Thoas' Werbung und Opferpraktiken, im Gespräch mit Thoas über die Frauen (I, 3) und im Gespräch mit Pylades (IV, 4) über eine eventuelle Flucht: Immer ist Iphigenie beteiligt.

---

47   Robert Petsch: *Wesen und Formen des Dramas*. Allgemeine Dramaturgie. Halle (Saale): Niemeyer, 1945. S. 393 f.

3.7 Interpretationsansätze

ZUSAMMEN-FASSUNG

Die ideale Gestalt ist ein Merkmal der Klassik, Humanität ihr wesentlichster Inhalt und das zentrale Thema des Stückes. Inhaltlich zielt es auf den „aufgeklärten Fürsten".

Freiheit und Handeln – das Erbe der Aufklärung – ist eine moderne Zutat zu dem antiken Stoff. Dadurch werden Utopien denkbar, denen geschichtliche Entsprechungen fehlen.

Das Versenken in „edle Einfalt und stille Größe" – in der Nachfolge Winckelmanns – wird zum geistigen Genuss, schränkt aber das sinnliche Leben ein.

Das Stück vermittelt vorrangig humanistische Überzeugung. Iphigenie gelingt es, Thoas für diese Überzeugung zu gewinnen; das ist die entscheidende Wirkungsabsicht des Stückes. Die Entsühnung der Tantaliden vollzieht sich beiläufig, denn auch ohne Iphigenies Leistung würde der Fluch beendet, da es keine nächste Generation der Tantaliden mehr geben wird: Orest und Iphigenie sind kinderlos. So steht nur die Frage, ob die Familie der Tantaliden unter dem Fluch oder entsühnt enden soll. Das verbindet sich mit dem zentralen Thema des Stückes: Iphigenie erzieht den „Barbaren" Thoas zu einem „aufgeklärten Fürsten", wie es Goethe für den Herzog Karl August wünschte.[48]

Zentrales Thema: der aufgeklärte Fürst

---

48 Es ist deshalb Eissler zu widersprechen, der im „Verhältnis zwischen Bruder und Schwester ... eindeutig die Hauptangelegenheit des ganzen Stückes" sieht (Eissler, Bd., 1, S. 368).

3.7   Interpretationsansätze

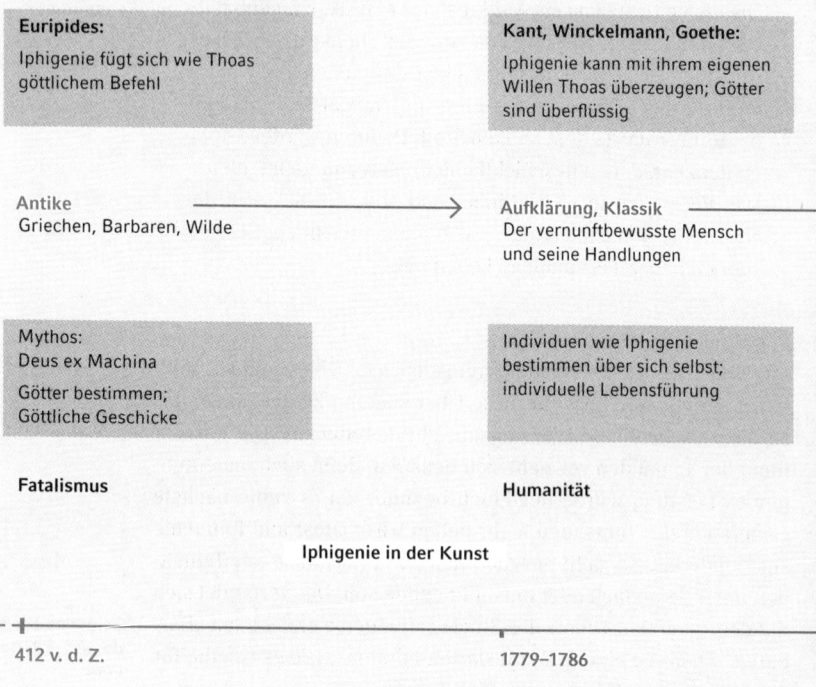

PHASEN DER STOFFBEARBEITUNG

Euripides:
Iphigenie fügt sich wie Thoas göttlichem Befehl

Kant, Winckelmann, Goethe:
Iphigenie kann mit ihrem eigenen Willen Thoas überzeugen; Götter sind überflüssig

Antike
Griechen, Barbaren, Wilde

Aufklärung, Klassik
Der vernunftbewusste Mensch und seine Handlungen

Mythos:
Deus ex Machina

Götter bestimmen; Göttliche Geschicke

Individuen wie Iphigenie bestimmen über sich selbst; individuelle Lebensführung

Fatalismus

Humanität

Iphigenie in der Kunst

412 v. d. Z.

1779–1786

Liest man im Internet Meinungen von Schülern und Studenten nach, die sich zu dem Stück äußern, so klagen sie oft über die vom Text ausgehende Langeweile, die fehlende Spannung und die beim Lesen unsinnig vertane Zeit. Eine viel positivere Sichtweise

3.7 Interpretationsansätze

jedoch ergibt sich, wenn es gelingt, die historischen Werte der
Sprache und Literatur sowie die Bedeutsamkeit der von Goethe zur
Diskussion gestellten menschlichen Errungenschaften (wie huma-
nes Verhalten) zu erkennen.

3.7 Interpretationsansätze

Vergleich mit Euripides

Um die Bedeutung des Stücks beurteilen zu können, ist ein Vergleich mit Euripides lohnenswert. Bei Euripides gab es ausschließlich Barbaren – ein Begriff des Griechen für Nichtgriechen. Sie zu betrügen war Verpflichtung der Griechen und durchaus richtig. Orest war Euripides' Held; Iphigenie half ihm mit Lug und Trug. Rettung kam schließlich von den Göttern. Das brachte auch eine andere Gewichtung mit sich. Bei Euripides kommt Iphigenie im letzten Auftritt nicht zu Wort; sie ist mit dem Bild der Artemis/Diana auf der Flucht. Alle Konflikte wurden durch den Eingriff der Göttin Athene gelöst. Bei Goethe tritt an die Stelle der Athene Iphigenie selbst und bestimmt die Prinzipien zukünftiger Beziehungen zwischen Griechen und Taurern: „Ein freundlich Gastrecht walte / Von dir zu uns (...)" (V. 2153 f.). Im Unterschied zu Euripides' wird Goethes Orest durch „reine Menschlichkeit" entsühnt. Er wird nicht zum Dieb eines Götterbildes. Iphigenies Menschlichkeit wirkt nicht direkt auf Orests Heilung ein, sondern Iphigenie wendet sich an die Götter, deren Macht Orests persönliche Schuld – den Muttermord – auslöst und verurteilt, sie aber gleichzeitig rechtfertigt.

Idealität der Gestalten

Die Voraussetzung für Menschlichkeit in *Iphigenie auf Tauris* ist Ungehorsam gegen Götter und Macht. Die utopische und letztlich einmalige Handlung des Stückes entsprach einerseits den **geistigen Entwürfen des klassischen Idealismus** und führte zur ästhetischen Vollkommenheit, brachte aber andererseits für Leser und Zuschauer ein Wohlgefallen im Sinne Winckelmanns, der die „edle Einfalt und stille Größe" als Wesen des antiken Griechentums bezeichnete (*Gedanken über die Nachahmung der griechischen Werke in der Malerei und Bildhauerkunst*, 1755). Den utopischen Entwürfen entsprach aber keine geschichtliche Realität; selbst dazu entworfene Vorhaben wie die Erziehung des „aufgeklärten Fürsten"

3.7 Interpretationsansätze

blieben im Ansatz stecken. Goethe ging den Weg vom Mythos zur Utopie, konnte aber noch nicht von der Utopie zur Geschichte gelangen. – Tugend und Sittlichkeit wurden der Iphigenie zugeordnet, nicht aber Sinnlichkeit und körperliche Liebe. Iphigenie ist „ein asexueller Frauentyp ..., der die Ambivalenz meistern kann, welche Zwietracht zwischen den Geschlechtern sät, oder ein Typ, der sogar frei von dieser Ambivalenz ist"[49].

Vom Mythos zur Utopie

Die **Idealität der Gestalten** verhindert sinnliche Lebensfülle. Die Reinheit und Größe des Denkens verdrängt das befreiende Ausleben der Menschen. Goethes Werk arbeitet mit einem barbarischen antiken Mythos; in Anlehnung an Goethes „verteufelt human", mit dem er sein Werk bedachte, erscheint der Mythos als „verteufelt inhuman". Goethes Modernisierung war die Humanisierung des Mythos. In Euripides' *Iphigenie bei den Taurern* war Iphigenie keine human argumentierende Priesterin; listenreich ersinnt sie den Diebstahl des Götterbildes, belügt Thoas u. a. Der Konflikt wird durch das Eingreifen der Götter (Deus ex Machina) gelöst; eine Humanisierung der Taurer findet nicht statt.

Freiheit und Handeln

Das Problem der Freiheit und des menschlichen Handelns wird von allen Gestalten des Stückes bedacht und ist eine moderne Zutat zum antiken Stoff. Iphigenie beschreibt in ihrem Eröffnungsmonolog eine Zwangslage, die ihr nur geringe Handlungsfreiheit und diese nur innerhalb ihrer priesterlichen Aufgaben lässt. Sie hat kaum Sorgen damit, da sie, wenn auch widerwillig, die Forderungen der Göttin erfüllt: „Ein hoher Wille, dem ich mich ergebe" (V. 8). Damit kann sie die Werbung Thoas' ablehnen: „So ruf ich alle Götter und vor allen / Dianen, die entschlossne Göttin, an, / Die ihren Schutz der Priesterin

---

49 Eissler, Bd. 1, S. 368 ff.

3.7 Interpretationsansätze

gewiss / Und Jungfrau einer Jungfrau gern gewährt." (V. 197 ff.) Die
Dialektik triumphiert: Die Unfreiheit, in der sie sich als Priesterin ge-
genüber der Göttin befindet, verhilft ihr zur Freiheit als Frau, die sich
nicht binden will. Iphigenie löst sich aus dem Schutz der göttlichen
Determination und findet zu einer aus eigenem Denken begründeten
Entscheidungsfreiheit, wodurch sie anfälliger und hilfloser wird. Als
Thoas das alte Gesetz der Menschenopfer wieder anwenden, also
entstandene Freiheiten einschränken will, stellt Iphigenie ihre Erfah-
rung („... folgsam fühl' ich immer meine Seele / Am schönsten frei",
V. 1827 f.) und das von daher begründete Gebot entgegen:

> „Thoas: Ein alt **Gesetz**, nicht ich, gebietet dir.
> Iphigenie: Wir fassen ein **Geset**z begierig an,
>   Das unsrer **Leidenschaft** zur Waffe dient.
>   Ein andres spricht zu mir, ein älteres,
>   Mich dir zu widersetzen: das **Gebot,**
>   Dem jeder Fremde **heilig** ist."
>   (V. 1831 ff., Hervorhebung R. B.)

Gesetz und Gebot   Gesetz (politische Macht) und Gebot (göttliche Handlungsanlei-
tung) umgeben das Wort „Leidenschaft". Beide stehen in unauflös-
licher Spannung dazu. Freiheit als Leidenschaft ist nur im Rahmen
der herrschenden Normen möglich, soll sie nicht in Anarchie um-
schlagen. Iphigenies Familie hat sich von Leidenschaften bestimmen lassen und ihre scheinbaren Freiheiten ausgelebt: Hass, Neid,
Begier (V. 334) führten zu Verrat, Mord und Rache. Deshalb ist sie
aus den Machtsystemen der irdischen Macht (Orest herrscht nicht
über Mykene, wie er eigentlich müsste) und der göttlichen Ordnung (die Familie leidet unter einem Fluch, sie sitzt nicht am Ti-
sche des Zeus) ausgeschlossen worden. Diese Unabhängigkeit
ermöglicht Iphigenie die Freiheit der individuellen Entscheidung.

3.7   Interpretationsansätze

Humanität

Aus den Vorstellungen Goethes von der Antike, wie sie von Winckelmann vorbereitet wurden, entstand der Begriff der Humanität. Er wurde zum wichtigsten Begriff der deutschen Klassik. Iphigenie und Humanität sind bei Goethe fast Synonyme geworden. Iphigenie verkündet durch Selbstbehauptung und Selbstbestimmung ihr Humanitätsideal, das an die Geschichtlichkeit des Menschen, nicht an den Mythos gebunden ist.

Geschichtlichkeit
des Menschen

Für die zeitgenössische Aufnahme war das Verhältnis zwischen Iphigenie und Thoas ein aktuelles. Man debattierte um den **aufgeklärten Fürsten**, mit dem man gern die Humanitätsvorstellungen verbunden hätte. 1784 hatte Immanuel Kant in seiner Antwort auf die Frage *Was ist Aufklärung?* die bekannte Maxime geprägt: „Habe Mut, dich deines eigenen Verstandes zu bedienen." Kant konzentrierte sich in seiner Schrift auf die Behandlung der Religion, weil dort besonders Herrschaft und Unterdrückung zum Ausdruck kämen, bei den Künsten und Wissenschaften hätten die Beherrscher kein Interesse, „den Vormund über ihre Untertanen zu spielen"[50]. Als Beispiel beschreibt er einen Fürsten, der bei Kant deutlich die Züge Friedrich II. von Preußen trägt; bei Goethe heißt er Thoas:

„Ein Fürst, der es seiner nicht unwürdig findet zu sagen, dass er es für Pflicht halte, in Religionsdingen den Menschen nichts vorzuschreiben, sondern ihnen darin volle Freiheit zu lassen, der also selbst den hochmütigen Namen der Toleranz von sich ablehnt, ist selbst aufgeklärt und verdient von der dankbaren Welt und Nachwelt als derjenige gepriesen zu werden, der zu-

---

50 Immanuel Kant: *Was ist Aufklärung?* In: Ausgewählte kleine Schriften. Leipzig o. J. (Taschenausgabe der „Philosophischen Bibliothek" Heft 24). S. 7.

3.7   Interpretationsansätze

Charlotte von
Stein
© ullstein bild

erst das menschliche Geschlecht der Unmündigkeit, wenigstens von Seiten der Regierung, entschlug und jedem frei ließ, sich in allem, was Gewissensangelegenheit ist, seiner eigenen Vernunft zu bedienen."[51]

Spiegelung des Goethe'schen Lebens

Das Schauspiel ist Spiegelung des Goethe'schen Lebens, was bis zu Personenentsprechungen getrieben werden kann: Thoas ist der Herzog, Iphigenie die Frau von Stein, Goethe Orest und Knebel könnte Pylades sein. Fragen bleiben: Sieht man Goethe als Orest, wäre es die geschwisterliche Liebe, an die als altes Thema aus der inzestuösen Bindung an Cornelia erinnert wird.[52] Oder ähnelt Goethe doch eher Thoas, dem sich die geliebte Frau verweigert? Derartige Verkleidungen und Symbolik waren üblich. Orest/Goethe ist in Zwänge auf/in Tauris/Weimar geraten, indem er sich als Opfer eines edlen, aber barbarischen Thoas/Karl August sieht und von einer reinen, aber sinnlich zurückhaltenden Iphigenie/Charlotte geopfert werden soll. Der Weltmann Pylades/Knebel, der „Urfreund", schafft die Lösung, die letztlich ein ausgeklügelter Kompromiss ist. „Pylades ist der Repräsentant der Zivilisation, der Macht, geistiger Bruder des Antonio im *Tasso*, nicht der ‚schönen Seele' Iphigenie oder des romantisch fühlenden, empfindsamen Orest."[53]

---

51 Kant, ebd.
52 Vgl. dazu Eissler, S. 368–391, der die geschwisterliche Beziehung „eindeutig" für „die Hauptangelegenheit des ganzen Stückes" hält.
53 Renato Saviane: *Egmont, ein politischer Held*. In: Goethe-Jahrbuch. Hrsg. von Karl-Heinz Hahn. 104. Band der Gesamtfolge. Weimar 1987. S. 48.

3.7   Interpretationsansätze

Goethe beantwortete in einem Gespräch über *Iphigenie* die Frage, „wie das Sittliche in die Welt gekommen" sei, so:

„Es ist kein Produkt menschlicher Reflexion, sondern es ist angeschaffene und angeborene schöne Natur. Es ist mehr oder weniger dem Menschen im allgemeinen angeschaffen, im hohen Grade aber einzelnen ganz vorzüglich begabten Gemütern. Diese haben durch große Taten oder Lehren ihr göttliches Innere offenbart, welches sodann durch die Schönheit seiner Erscheinung die Liebe der Menschen ergriff und zur Verehrung und Nacheiferung gewaltig fortzog.

Großherzog Karl August 1775
© ullstein bild – Louis Held

Der Wert des Sittlich-Schönen und Guten aber konnte durch Erfahrung und Weisheit zum Bewusstsein gelangen, indem das Schlechte sich in seinen Folgen als ein solches erwies, welches das Glück des Einzelnen wie des Ganzen zerstörte, dagegen das Edle und Rechte als ein solches, welches das besondere und allgemeine Glück herbeiführte und befestigte. So konnte das Sittlich-Schöne zur Lehre werden und sich als ein Ausgesprochenes über ganze Völkerschaften verbreiten." (1. April 1827)[54]

„der Wert des Sittlich-Schönen"

Iphigenie als Gipfelwerk der deutschen Klassik

Traditionell gilt das Stück als Gipfelwerk der deutschen Klassik, weil es in Inhalt, Gehalt und Form vollkommen erscheint. Goethes *Iphigenie auf Tauris* gehört zu Aufklärung und Klassik und enthält

---

54   Eckermann, S. 303.

Romantische
Elemente

sogar Elemente der Romantik, wie Schiller Goethe bewiesen hat.[55].
Der Übergang von Aufklärung (Empfindsamkeit) zur Klassik zeigt
sich im Humanismus und in der Sittlichkeit, die Romantik kann in
der Gefühlstiefe Iphigenies und der Irrationalität Orests gesehen
werden. Ergänzungen und Variationen sind möglich durch die dramaturgisch andere Sicht auf eine analytisch eingearbeitete Familiengeschichte (Ansatz zum Stationenstück), durch Goethes Urteil
gegenüber Schiller, das Stück sei „ganz verteufelt human"[56] und
durch die Erkenntnis, dass Goethe das „sprengend
antagonistische(n) Wesen [der Klassenverhältnisse im Duodez-
staat, R. B.] ins Exotische, analog zu Hegels Rechtsphilosophie"[57]
verlagere; einfacher gesagt: Die sozialen Spannungsverhältnisse,
die Goethe während der Entstehung des Stückes erlebte und als
bedrückend empfand, wurden weitgehend aus der Handlung verdrängt. Eine geschichtliche Realität zum humanistischen Entwurf
des Stückes war und ist zudem nicht vorhanden.

---

55   Goethe am 21. März 1830 zu Eckermann, S. 549.
56   Goethe an Friedrich Schiller, 19. Januar 1802. In: Briefwechsel, Bd. 2, S. 389.
57   Adorno, S. 503.

4. REZEPTIONSGESCHICHTE

ZUSAMMEN-FASSUNG

Zustimmung, Gegenbilder und Reaktionen bis zum „Ende der Kunstperiode" von Maler Müller bis zu Heinrich von Kleist; im Lob versteckte sich auch die Ansicht, das Stück sei langweilig. In Weimar wurde das Stück erst 1802 von Schiller ohne besonderes Engagement Goethes inszeniert.

Die Aufnahme im 19. Jahrhundert war zurückhaltend (Romantiker), ablehnend (Junges Deutschland) und brachte Gegenentwürfe (Grillparzer), aber auch uneingeschränkte Anerkennung (Hettner).

Neben faschistischer Verfälschung bestimmten zahlreiche weiterführende Gestaltungen die Rezeption im 20. Jahrhundert (Gerhart Hauptmann, Ilse Langner u. a.). Gegenpositionen entheroisierten die Antike (Heiner Müller, Jochen Berg) und selbst Peter Hacks zog die Lösung vor, dass Iphigenie den Bruder tötete.

Interessant variierte Volker Braun das Thema: Der Humanismus werde ohne die Bindung an eine nicht-entfremdete Arbeit nichts bewirken.

Zustimmung und Gegenbilder

Neben Zustimmung wurde die Rezeption auch durch Kontrastgestaltungen geprägt. **Friedrich Müller, genannt Maler Müller (1749–1825)**, schrieb nach 1780 eine *Iphigenie* (erst 1969 veröffentlicht), die ein Gegenbild zu Goethes Stück sein wollte. Er gestaltete „das Missverhältnis zwischen einer undurchschaubaren göttlichen Vorsehung und dem planenden Verstand und leiden-

Penthesilea als
Gegenbild

Hegels Lob

schaftlichen Gefühl des Menschen"[58]. Lösung der Konflikte und
Erlösung der Verfluchten gab es wiederum nur durch die Göttin
Diana als Dea ex Machina (Göttin aus der Maschine). Ein Gegenbild wollte auch **Kleists *Penthesilea*** (1808) sein. Die Antike erschien als blutrünstiges Zeitalter, die überragende Frau als Ver-
nichterin. Dass Goethe sich nicht mit dem Stück anfreunden
konnte, wundert nicht. Der berühmte Philosoph **Georg Wilhelm
Friedrich Hegel** lobte Goethes Schauspiel mit überschwänglichen
Worten und dass Goethe „bloß äußerliche Göttermaschinerie", wie
sie bei Euripides vorhanden war, „in Subjektives, in Freiheit und
sittliche Schönheit" gewandelt habe.[59] Die Selbstbestimmung Iphigenies aus ihrem Charakter heraus fand er als „ein echt poetisches
Musterbild eines Schauspiels"[60]. Sein Lob galt der Idealität der
Charaktere: Da sei Goethes *Iphigenie* „vortrefflich und dennoch, im
eigentlichsten Sinne genommen, nicht dramatisch lebendig und
bewegt"[61]. Das hieß, Hegel fand Goethes Werk trotz allen Lobes
eher langweilig. Der Dichter wusste darum und fand Erklärungen
dafür: „Hier in Weimar hat man mir wohl die Ehre erzeigt, meine
Iphigenie und meinen *Tasso* zu geben; allein wie oft? Kaum alle
drei bis vier Jahre einmal. Das Publikum findet sie langweilig. Sehr
begreiflich. Die Schauspieler sind nicht geübt, die Stücke zu spielen, und das Publikum ist nicht geübt, sie zu hören."[62]

Die Zeitgenossen reagierten unterschiedlich auf das Stück. Die,
die sich einer rationalistischen Regelpoetik und dem Muster des
französischen Klassizismus durch den Verweis auf Shakespeare
zu entziehen versuchten, meldeten Vorbehalte an. Der Schweizer

---

58   Riedel 2000, S. 173.
59   G. W. F. Hegel: *Werke*, Bd. 13. Frankfurt am Main 1970. S. 297.
60   Georg Wilhelm Friedrich Hegel: *Ästhetik*. Bd. 2. Berlin und Weimar: Aufbau-Verlag, 1965. S. 556.
61   Ebd., S. 532.
62   Eckermann, S. 182.

Johann Jakob Bodmer, Dichter, Ästhetiker, Literaturkritiker und Professor, schrieb an den Pfarrer Schinz, einen Schwager Lavaters, am 9. August 1780:

> „Ich habe sie verschlungen, denn ich muss sie nachmittags zurückgeben. Die Ökonomie davon ist sehr gezwungen. Der Poet hilft sich durch Soliloquien [Selbstgespräche, R. B.]. Die Personen sind sentimentale Leute wie in dem Pult des Dichters. Thoas hat die sanfte, langsame, nachgebende Seele eines alten Mannes; er ist erzörnt ohne Taten, verlangt Iphigenies Hand ohne Liebe. Iphigenia verrät ihm die Anschläge des Bruders aus Redlichkeit und Abscheu vor Falschheit und Lügen. Mit Reden voll Weisheit und Gerechtigkeit bewegt sie den König, dass er ihr vergönnt, mit seinem Segen dem Bruder zu folgen. Die Erkenntnis des Bruders und der Schwester geschehn ohne Wärme."[63]

Bodmer hat das Urteil mehrfach wiederholt, er hielt das Stück für schlechter als das Schlechteste von Senecas Trauerspielen[64].

Das Stück war von Beginn an für die Öffentlichkeit kein wirklicher Erfolg. Als der Verleger Georg Joachim Göschen die *Schriften* Goethes zwischen 1787 und 1790 veröffentlichte, wurden neben 536 Exemplaren der ersten vier Bände der Werkausgabe 312 Exemplare der Einzelausgabe von *Iphigenie auf Tauris* verkauft. Die Auflage aber betrug 3.000 Exemplare. Ein Erfolg war der Druck des Stückes nicht. Auch bei dem Verleger Johann Friedrich Cotta, der die Werkausgabe von Göschen übernommen hatte, blieb es

Kein Verkaufserfolg

---

63 Bode, Bd. 1, S. 259.
64 „Es fehlt überall an Ausführung und Ausbildung" und es herrsche „Dunst oder Falschheit". 25. Januar 1782.

unverkauft liegen und war noch Anfang des 20. Jahrhunderts beim Verlag zu haben.

Schillers Inszenierung von 1802

Das Stück kam in der Endfassung in Weimar erst 1802, bearbeitet und inszeniert von Schiller, auf die Bühne. Goethe schickte Schiller am 19. Januar 1802 das Stück mit Zurückhaltung und Vorsicht:

> „Hiebei kommt die Abschrift des gräzisierenden Schauspiels. Ich bin neugierig, was Sie ihm abgewinnen werden. Ich habe hie und da hineingesehen, es ist ganz verteufelt human. Geht alles halbweg, so wollen wirs versuchen: Denn wir haben doch schon öfters gesehen, dass die Wirkungen eines solchen Wagestücks für uns und das Ganze inkalkulabel sind."[65]

Goethe wollte mit dem Stück nichts zu schaffen haben: „Mit der Iphigenie ist mir unmöglich etwas anzufangen; wenn Sie nicht die Unternehmung wagen, die paar zweideutigen Verse korrigieren und das Einstudieren dirigieren wollen, so glaube ich nicht, dass es gehen wird ..."[66] Schiller hatte auf das Publikum und seine Konventionen Rücksicht zu nehmen. Das wollte unterhalten werden, und zwar durch spannende Ereignisse, nicht durch moralische Diskurse. Schiller stellte das dem Freunde am Beispiel Orests dar. Er war die aufregendste Gestalt des mythischen Geschehens und hatte auch das erregendste Schicksal. Schiller schrieb am 22. Januar 1802 an Goethe:

Schillers Inszenierung

———

65 Briefwechsel, Bd. 2, S. 388 f.
66 Briefwechsel, Bd. 2, S. 406.

„Orest selbst ist das Bedenklichste im Ganzen; ohne Furien ist kein Orest, und jetzt, da die Ursache seines Zustands nicht in die Sinne fällt, da sie bloß im Gemüt ist, so ist sein Zustand eine zu lange und zu einförmige Qual, ohne Gegenstand; hier ist eine von den Grenzen des alten und neuen Trauerspiels."[67]

Schiller wollte durch Götter und Geister Bewegung auf die Bühne bringen und den Fluch der Tantaliden szenisch „in die Sinne" fallen lassen. Sollte Goethe keine Lösung dafür haben, – er hatte keine –, empfahl Schiller, die Szenen Orests zu verkürzen. Den Barbaren galt Schillers Fürsorge, nicht der edlen Iphigenie. Es sei „nichts Sinnliches vorhanden"[68]; die Handlung sei zu gering, verschwinde gänzlich und gehe „hinter den Kulissen" vor sich. Das sei der „eigene Charakter dieses Stücks", den man erhalten müsse. „... das Sinnliche muss immer dem Sittlichen nachstehen; aber ich verlange auch nur so viel von jenem, als nötig ist um dieses ganz darzustellen"[69]. Goethe reagierte darauf nicht.

Das fehlende Sinnliche

Aufnahme im 19. Jahrhundert

Als am 31. März 1827 **Georg Wilhelm Krüger** vom Königlichen Theater (Berlin) in Goethes *Iphigenie auf Tauris* auf Empfehlung von Zelter als Gast den Orest spielte, verzichtete Goethe auf die Teilnahme an der Aufführung. Er hatte bis dahin noch keine gelungene Aufführung seines Stückes gesehen. Krüger wurde mit großem Beifall bedacht, August von Goethe berichtete seinem Vater noch am gleichen Abend darüber. Zu Eckermann sagte Goethe am folgenden Tage in diesem Zusammenhang: „Das Stück hat seine Schwierig-

---

67 Ebd., S. 392.
68 Ebd.
69 Ebd., S. 393.

keiten. Es ist reich an innerem Leben, aber arm an äußerem. Dass aber das innere Leben hervorgekehrt werde, darin liegt's."[70]

Grillparzers Gegenentwurf

Zurückhaltend beurteilten die Romantiker das Schauspiel. Zu einem Gegenentwurf kam es durch **Franz Grillparzers Trilogie *Das Goldene Vlies*.** Zwischen den Themenkreisen der Tantaliden und der Argonauten bestehen Zusammenhänge. 1821 bekannte Grillparzer sich in einem Brief an den Grafen Brühl sowohl zur Vorbildlichkeit der *Iphigenie* Goethes als auch zur Distanz von ihr. Er beschrieb sein *Goldenes Vlies* als „aus Grundsatz gewagte, aber vielleicht hie und da doch zu weit getriebene Abweichung von der Art, wie man seit Goethes *Iphigenie* griechische Stoffe behandeln zu müssen glaubt"[71]. Die beiden Stücke gehören „durch ihre offenbare Gegensätzlichkeit zusammen, wobei ihr innerstes geistiges Verbindungsglied mit Goethes – dann allerdings sinnverwandeltem – Wort vom ‚verteufelt Humanen' benannt werden kann."[72] – Die Jungdeutschen hatten mit Goethe wenig im Sinn; sie betrachteten ihn und sein Werk als eine vergangene Kunstperiode. Der Philosoph Kuno Fischer machte 1888 den **„christlichen Charakter"** in der *Iphigenie* aus und erklärte, dass „unter seiner Gewalt alle erotischen Gefühle schweigen, und auch den König in seiner Werbung nicht bestimmen, geschweige mit sich fortreißen"[73]. Fischer akzeptierte die fehlende Erotik des Stücks. **Hermann Hettner** hielt es für „ein höchst merkwürdiges Zusammentreffen, dass die Entstehung von Lessings *Nathan dem Weisen* und die erste Entstehung von Goethes *Iphigenie* fast in dasselbe Jahr fällt: *Nathan*, der lehrhafte Abschluss der religiösen Aufklärung; *Iphi-*

Nathan der Weise und *Iphigenie*

---

70 Eckermann, S. 301.
71 Franz Grillparzer: An den Grafen Brühl. 22. August 1821. In: ders.: *Sämtliche Werke*. Hrsg. von Peter Frank und Karl Pörnbacher, IV. Band, München o. J. S. 272.
72 Hans-Georg Werner: *Verteufelt human. Etwas über den Zusammenhang zwischen Goethes Iphigenie und Grillparzers Goldenem Vlies*. In: Jahrbuch des Wiener Goethe-Vereins. Hrsg. von Herbert Zeman. Band 86/87/88. Wien 1982/1983/1984. S. 259.
73 Kuno Fischer: *Goethe-Schriften*. 1. Reihe Bd. 1, Heidelberg ^{2}1890. S. 19 f.

genie, die reife Frucht des neuen Zeitalters, die schöne und natur-
wüchsige Blüte der reinen und harmonischen Humanitätsidee."[74]

Der deutsche Naturalismus, der seit Ende der siebziger Jahre
auf dem Weg durch die Institutionen Sieg an Sieg reihte, nahm nur
wenige Werke Goethes in die Traditionsbildung und Programmatik
auf. Die *Iphigenie auf Tauris*, die inzwischen zum Bannerwerk des
deutschen Bildungsbürgertums geworden war, gehörte nicht dazu.
Mit Goethes *Iphigenie* hatte der naturalistisch orientierte **Gerhart
Hauptmann** frühzeitig nichts im Sinn. Selbst auf seiner *Italienischen Reise* (1897) empfand er nichts für das Stück: „Die reine
(ruhige), farb- und geschmacklose ‚Schönheit' Winckelmanns, der
Goethe in *Iphigenie* sich bedenklich nähert, ist nicht die des Dra-
matikers noch die meine. Ich bin unten am Meer gewesen: Dort ist
das Drama."[75] Hier klingt die naturalistische Ablehnung Goethes
nach. Wesentlich wurde Gerhart Hauptmanns intensiver Umgang
mit Goethes Werk in späterer Zeit. Gerhart Hauptmann nahm die
Stoffe Goethes in seiner *Atriden-Tetralogie* wieder auf: Er schrieb
seine *Iphigenie in Delphi* (1941) in einem barbarischen Zeitalter.

Gerhart
Hauptmanns
Atridentetralogie

Kritik an dieser Zeit waren Hauptmanns Iphigenie-Bearbeitungen
nicht, sondern in dieser Welt herrschten scheinbar die undurchschaubaren Mächte des Schicksals, denen sich Hauptmann unterwarf. Die *Atriden-Tetralogie* wurde „ein Weihespiel des Todes, aus
dem ewiges Leben ersteht"; Hauptmann vertraute seinem Tagebuch an: Deutschlands Leben sei „ein dauerndes Sterben, das ir-
gendwo das höchste, grenzenlose Leben in sich schließt".[76]

---

74 Hettner, Bd. II, S. 373.
75 Gerhart Hauptmann: *Italienische Reise 1897*. Tagebuchaufzeichnungen. Hrsg. von Martin
    Machatzke. Frankfurt am Main u. a.: Propyläen, 1976. S. 78.
76 Rüdiger Bernhardt: „*... geschehen ist der Götter Ratschluss"*. Gerhart Hauptmanns Delphi lag
    auf Hiddensee. Der Dichter in der Zeit von 1933 bis 1945. Halle: Projekte-Verlag 188, 2006.
    S. 108 f. – Hier finden sich weitere ausführliche und aus dem Nachlass Hauptmanns gewonnene
    Hinweise auf die Beziehung Gerhart Hauptmanns zu Goethe.

Iphigenies Tod

Selbst Iphigenies freiwilliger Opfertod beeinflusst die unerbitt-
lich ablaufenden Vorgänge nicht. Orest wird in *Iphigenie in Delphi*
am Ende „frei von jedweder Schuld" gesprochen. Iphigenie aber
hat sich in eine Schlucht gestürzt und Pyrkon, Oberpriester des
Apoll, erklärt im Gegensatz zu Goethes Stück:

> „Doch wer zum Opfer einmal ausersehen / von einer Gottheit –
> ob es auch so scheint, / er habe ihrem Spruche sich entwun-
> den –: / die Moiren halten immer ihn im Blick / und bringen,
> wo er dann auch sich versteckt, / an den gemiednen Altar ihn
> zurück. / Der Spruch von Delphi, der allmächtige, / bestimmte
> dieser Priesterin dereinst / den Opfertod! Und Pythos hohen
> Spruch / vermochte selbst die Göttin nicht zu brechen, / Apol-
> lons bleiche Schwester Artemis."[77]

Rezeption im 20. Jahrhundert

Am 31. August 1944 hatte das Staatstheater Dresden mit Goethes *Iphigenie auf Tauris* seinen Spielplan beendet; am 1. September 1944 wurden die deutschen Theater zwangsweise geschlossen
und mussten der Kriegswirtschaft dienen. Das Stück war **für ein
faschistisches Theaterleben umgedeutet** worden. Iphigenie war
zur Inkarnation eines „unter dem christlichen Schicksal erworbe-
nen Seelenreichs des deutschen Menschen" geworden.[78] Nach
dem Zweiten Weltkrieg eröffneten zahlreiche Theater wieder mit
Inszenierungen von Lessings *Nathan* und Goethes *Iphigenie auf
Tauris* ihren Spielplan. Das Thema des Stückes wurde für neue
Konstellationen genutzt. Es entstanden Iphigenie-Dramen (Ilse

---

77 Gerhart Hauptmann: *Iphigenie in Delphi*. In: Sämtliche Werke (Centenarausgabe). Hrsg. von
    Hans-Egon Hass. Bd. 3. Berlin: Propyläen, 1996. S. 1090.
78 Vgl. Rudolf Ibel: *Goethe*. In: Weltschau der Dichter. Jena: Dieterich, 1943. S. 105.

Langner, Hans Schwarz u. a.), denen gemeinsam war, dass sie eine dunkle Welt schilderten, aus der sie dennoch Hoffnung zu gewinnen versuchten.[79]

1949 erschien **Ilse Langners** *Klytämnestra*. Es ist eine Antwort auf Goethe, denn die von ihm verkündete Menschlichkeit war ausgeblieben. Edle Menschen wie Iphigenie wurden dem „bösen Krieg" geopfert, eine 1949 aktuelle Meinung: „Geopfert ward die Braut nach Priesters Wunsch, / Der Vater selbst, der König gab sie preis / Für gute Abfahrt in den bösen Krieg."[80] Eine Erlösung vom Fluch schien nicht in Sicht; neue Morde setzten die Familiengeschichte fort. Elektra beschwört Hass und Rache, denn „Agamemnon, / Deine Tochter hat dich nicht gerettet, / Iphigenie ward der höhre Preis. / Grauen packt mich vor der Rache Pflichten."[81]

Die Rückkehr
des Fluchs

Die Schulen nutzten das Stück für Aufsatzthemen und feierliche Abschlussreden. Es wurde auch gewarnt: Wer mit seiner Begeisterung die Schüler anzustecken vermöge, könne in der Prima die *Iphigenie* lesen, „so unzugänglich sie auch Primanern zu sein pflegt. Jedem anderen ist es zu widerreden."[82] Beim einfachen Volk war das Stück weniger bekannt und beliebt: Ein Tiroler Deutschlehrer beschrieb um 1840 das Schauspiel so: „Mei wisst's wohl: Der Goethe ist halt a Fack g'wöst und was ist dös an der Iphigenie? Der Thoas hat sie halt heiraten wöll'n, sie hat'n aber nit g'mögt und nachher hat er a Weil brummelt und hat sie endlich laffen lassen. Ist lei nix dahinter als a narret's G'röd."[83]

---

79 Vgl. dazu Riedel 2000. S. 320.
80 Ilse Langner: *Klytämnestra*. Tragödie. Berlin 1949. S. 8.
81 Ebd., S. 127.
82 Martin Havenstein: *Die Dichtung in der Schule*. o. O. 1925. Vgl. dazu Wolfgang Leppmann: *Goethe und die Deutschen. Vom Nachruhm eines Dichters*. Stuttgart: Kohlhammer, 1962. (Sprache und Literatur 3). S. 180 ff.
83 Ebd., S. 160, nach: Adolf Pichler: *Aus meiner Zeit*.

Heiner Müller
entheroisiert
die Antike

Radikal anders widmete sich Heiner Müller (1929–1995) dem Stoff. Er entheroisierte die Helden der Antike und machte sie zu Gestalten einer Vorgeschichte der Menschheit, in der es noch keine Menschlichkeit gab. Seine Gestalten operieren mit Sätzen, „in denen Goethe'sche Aussagen zum idealischen Entwurf eines klassisch-humanistischen Menschenbildes gleichsam umgekehrt und damit ausgehöhlt werden"[84]. In Müllers *Philoktet* (1965) wird Goethes *Iphigenie auf Tauris* polemisch zitiert. Beide Handlungen stammen aus dem gleichen Mythenkreis des Trojanischen Kriegs. Neoptolemos, der Sohn Achills, soll erneuten Verrat verantworten, wehrt sich aber gegenüber Philoktet mit den Worten: „Nicht länger mag ich lügen. Hör die Wahrheit."[85] Das ist eine Variante des zum Zitat geronnenen Ausspruchs Orests „Zwischen uns / Sei Wahrheit! / Ich bin Orest!" (V. 1080 ff.): Philoktet wird trotz des Wahrheitswillens ermordet. Müllers Absicht ist deutlich: Weder die antike Literatur noch die klassischen Entwürfe haben Menschlichkeit im alltäglichen Leben zu entwickeln vermocht. Menschlichkeit ist nach wie vor eine Frage des philosophischen Diskurses geblieben und hat in der sozialen und gesellschaftlichen Wirklichkeit an Bedeutung verloren.

Müller reduzierte die Geschichte der Tantaliden (*Elektratext*, 1969) auf eine Folge von Verbrechen: „schlachten, bestrafen, Raub, verfluchen, töten, erschlägt, Beil, Schwert" sind die wichtigsten Wörter des programmatischen Textes.[86] Von Iphigenies Rettung und ihrem Dienst als Priesterin ist keine Rede. Müller war die Humanität der deutschen Klassik verdächtig, weil sie die deutschen Verbrechen des 20. Jahrhunderts nicht verhindert hatte.

---

84 Bernd Leistner: *Zum Goethe-Bezug in der neuern DDR-Literatur*. In: Weimarer Beiträge. Berlin und Weimar 1977, Heft 5. S. 87.
85 Heiner Müller: *Philoktet*. In: Heiner Müller: Mauser. Texte 6. Berlin: Rotbuch, 1978. S. 24.
86 Heiner Müller: *Elektratext* (1969). In: Heiner Müller: Theaterarbeit. Texte 4. Berlin: Rotbuch, 1975. S. 119.

Heiner Müllers Gegenspieler Peter Hacks (1928–2003) sah in Goethe sein Vorbild, beschäftigte sich in Dutzenden von Essays mit ihm, schrieb seine Stücke weiter oder neu *(Pandora, Das Jahrmarktsfest von Plundersweilern)* und widmete eines seiner erfolgreichsten Stücke Goethe selbst: *Ein Gespräch im Hause Stein über den abwesenden Herrn von Goethe.* Goethe war sein fortwährendes Thema. Die *Iphigenie* passte nicht in sein Konzept. Denn ähnlich wie Heiner Müller musste Hacks zugeben, dass „Klytämnestra Recht hatte ... Der originale Mythos endet billigerweise mit der Schlachtung des Orest durch seine wieder ins Leben gebrachte Schwester Iphigenie"[87]. Die Version von Orests Entsühnung und Iphigenies Rettung sei eine „Propagandafassung, in die Welt gesetzt von Ideologen der Männerherrschaft. Für sie war der Muttermörder eine Art patriarchalischer Revolutionär."[88] Peter Hacks rechnete die Familiengeschichte Iphigenies ähnlich wie Heiner Müller auf, um eine Utopie entgegenzusetzen, in der nicht mehr gemordet würde. Durch Tantalos, Pelops, Atreus, Agamemnon und Orest

Iphigenie und Hacks' Konzept

„ereigneten sich die Schlachtung und Verspeisung von 6 Knaben, der Diebstahl 1 goldenen Hundes und 1 goldenen Lammes, 2 der klassischen und beispielgebenden Fälle von Homosexualität, 2 Schändungen von Töchtern durch ihre Väter, 1 Vatermord, 1 Muttermord, 1 Gattenmord, 1 Tochtermord, nicht zu rechnen Selbstmorde, Ehebrüche und minder intime Bluttaten unter Verwandten zweiten oder noch entfernteren Grades. Solche Vorfälle heimeln auch den modernen Leser an und gewähren ihm Befriedigung."[89]

---

87 Peter Hacks: *Iphigenie oder: Über die Wiederverwendung von Mythen.* In: ders.: Die Maßgaben der Kunst. Gesammelte Aufsätze 1959–1994. Hamburg: Nautilus, 1996. S. 62.
88 Ebd.
89 Ebd., S. 63 f.

Max Frisch:
Homo faber

Der Iphigenie-Stoff wurde auch verdeckt weitergeführt. Kaum einer wird ihn auf den ersten Blick in Max Frischs Roman *Homo faber* (1957) vermuten; aber er ist enthalten. Der in freier Willensentscheidung agierende Mensch Goethes ist zu dem „machenden" Menschen (Homo faber) geworden. Walter Faber kehrt an die Stelle antiker Mythen zurück, von New York über Paris und Rom nach Athen, nachdem er in Rom bereits den Kopf einer schlafenden Erinnye gesehen hat. Seine Tochter wird seine Geliebte; das erinnert an Thyest. Faber hat ihren Tod auf dem Gewissen wie Agamemnon den Iphigenies; er tritt in dessen Rolle ein. Als er in der Badewanne liegt und nur die Mutter seiner Tochter und Geliebten in der Nähe weiß, sieht er sich wie Agamemnon: Hanna „könnte ohne weiteres eintreten, um mich von rückwärts mit einer Axt zu erschlagen"[90]. Selbst erfahrene Techniker, wie Faber einer ist, werden noch vom Mythos, vom Schicksal beherrscht. Goethes Entwurf, in freier Willensentscheidung Schuld zu entsühnen und aus dem Mythos auszutreten, wird auch bei Frisch ad absurdum geführt.

Jochen Berg:
Im Taurerland

Ein interessanter Versuch ist Jochen Bergs (1948–2009) *Im Taurerland. Ein Spiel* (1978). Das Stück gehört zu einer Tetralogie (*Niobe, Klytaimnestra, Im Taurerland, Niobe am Sipylos*; 1975–79), die 1985 uraufgeführt wurde. Goethes *Iphigenie auf Tauris* war die eindeutige Vorlage, aus der sogar Textpassagen übernommen wurden, aber die Lösung ist eine andere: Iphigenie und Thoas schlafen regelmäßig „nachts im Rausch" beieinander, aber seinen Eheantrag schlägt Iphigenie, deren Tatendrang und geistige Regsamkeit fast erloschen sind, unter Berufung auf das Opfergesetz auf Tauris aus: Zwar sei das Gesetz stillgelegt, „aufgehoben / ist es deshalb nicht. / nun soll ich, die fremde, deine frau, / die herrscherin eures landes werden. / willst du dich mit einem feinde binden ..." Thoas setzt da-

---

90 Max Frisch: *Homo faber*. Ein Bericht. Berlin: Volk und Welt, 1973. S. 156.

raufhin wie bei Goethe das Gesetz wieder in Kraft und alles läuft wie in Goethes *Iphigenie auf Tauris* ab. Thoas bleibt allerdings dabei, Orest und Pylades zu opfern. Iphigenies Weigerung, beide nicht zu weihen, schreckt ihn nicht ab. Da jedoch tritt Barbas, bei Berg statt Arkas neu im Spiel, als Vertreter des Volkes auf – „das ganze taurervolk" – und lehnt alle Opfer für jetzt und die Zukunft ab: „auch in zukunft soll kein schrecken diese / bucht durchziehn. Frei soll gehen können, / wer lebend diesen strand betrat". Iphigenie muss einsehen, dass sie „von gestern. Ähnlich deinem bruder" sei und ihr Wahrheitswillen wirkungslos geblieben ist, weil er sich nicht mit der Tat verband. Sie wird mit Orest und Pylades nach Griechenland zurückkehren und beides wieder zu vereinen suchen: „wenn hoffnung, liegt sie nur in uns"[91], so lauten die Schlussworte, die Iphigenie spricht.

Der Georg-Büchner-Preisträger 2000, Volker Braun, hat eine *Iphigenie in Freiheit* geschrieben (entstanden 1987–1991, uraufgeführt 1992). Braun interessierte nicht der Humanismus, der nur für einen „kleinen Kundenkreis" sei und „Versöhnung" nur zeitweise bringe, dann gehe die Vernichtung weiter („Zwischen uns sei Wahrheit! wessen Wahrheit."[92]). Die insulare Idyllik Iphigenies, in der sie ihre Menschlichkeit üben kann, ist zerstört. Den eröffnenden Monolog Iphigenies bei Goethe variieren die Verse Brauns:

> Volker Braun: *Iphigenie in Freiheit*

„Hier ist der Hain der Göttin: kahle Bäume / Und Lethe unser Flüsschen stinkt zum Himmel / Könnt ich vergessen, wo ich war und bin. / Ich trug sie froh im Busen, meine Wahrheit / Meinen Besitz auf dieser warmen Bühne / Die Lösung nur für mich und nicht für alle."[93]

---

91 Jochen Berg: *Im Taurerland. Ein Spiel*. In: Theater der Zeit. Berlin: Henschelverlag, 1978. 33. Jahrgang, H. 5, S. 58–64, hier: S. 59 und 64.
92 Volker Braun: *Iphigenie in Freiheit*. In: Texte in zeitlicher Folge. Band 10. Halle: Mitteldeutscher Verlag, 1993. S. 136.
93 Ebd.

Der klassische Humanismus habe nichts bewirkt; die Orte, die die Diskussionen um Goethes *Iphigenie* begleiteten, werden aufgenommen und durch einen weiteren ergänzt: „HIER IST APOLDA. / TAURIS. / KOREA."[94] Nun gehe alles auf eine globale Revolution zu, die zwischen dem Menschen und der Natur stattfinde. Keine Iphigenie helfe; klassische Überredungskunst habe keine Chance.

Humanität durch nicht-entfremdete Arbeit

Als „Anmerkung" gibt er seiner *Iphigenie in Freiheit* mit: „Die Frage aller Fragen: nach der friedlichen *anderen Arbeit*, die vertagt scheint / die verschärft wird durch den Auftritt des alten Personals im neuen Tauris; was Thoas macht, wird die Erfahrung lehren."[95] Der zentrale Gedanke von Heiner Müller bis Volker Braun ist, dass sich Humanität ohne eine nicht-entfremdete und allen Menschen zugängliche Arbeit nicht bilde.

---

94 Ebd., S. 137.
95 Ebd., S. 144.

5. MATERIALIEN

1993 inszenierte Lutz Graf am **Leipziger Schauspielhaus** eine erschreckende *Iphigenie auf Tauris*, in der die postulierte Menschlichkeit mit perverser Machtausübung in Widerspruch geriet. An die Stelle des „stillen Heiligtums" der Diana trat ein grauenhaftes Verließ mit verschlossenen Toren, blutverschmierten Wänden und verbranntem Tempelboden. Die Aufführung endete mit Iphigenies Klage, nach dem Tode der Männer, im Liede gepriesen, blieben „allein die Tränen, die unendlichen, / Der überbliebnen, der verlassnen Frau / Zählt keine Nachwelt, und der Dichter schweigt ..."; ihr Aufruf „Lasst die Hand / Vom Schwerte!" verklang ungehört. In einem zeitgenössischen Bericht heißt es:

Sieg der Waffen und des Todes

Letztlich bleibt es nicht bei Goethes Regiehinweis der ‚bloßen Schwerter', die Waffen tun ihr tödliches Werk. Inmitten dieser Männerwelt Susanne Steins Iphigenie unglaublich facettenreich in der Opfer- wie Täterrolle und ein schroffer Pol des Zweifels. Ein Konfliktpotential wie die Selbstbestimmung des Individuums tritt durch sie zugleich zwingend als Emanzipationsproblem vor Augen. So, wenn sie mit Fäusten und Kreideschrift die – vorweggenommene – Revolutionsforderung ‚Liberté, Egalité, Fraternité!' an die Eisenbanden zu schlagen beginnt und mitten im Begriff der Brüderlichkeit erlahmt. So, wenn sie der Regie folgend die Szenen mit dem taurischen Königsboten Arkas in suggestivem Partnerspiel mit Guido Lambrecht zu einem flammenden Gleichnis der Lust auf das verführerisch Andere und der Aversion gegen das Fremde im Anderen ausformt.[96]

--- --- ---

96   Elisabeth Peuker: *Pol des Zweifels in der Männerwelt*. In: Mitteldeutsche Zeitung (Halle) vom 3. November 1993.

Diese Inszenierung negierte nicht nur Goethes Entwurf einer er-
lösenden Menschlichkeit aus der Erfahrung einer unmenschlichen
Wirklichkeit heraus, sondern billigte auch den Göttern der *Iphigenie* des Euripides keine Erlösungsvorgänge zu. Am Ende stand
nicht die Vision einer menschlichen Versöhnung, sondern die
Wirklichkeit gegenseitiger Vernichtung.

Oft geraten die Deutungen der *Iphigenie* Goethes dabei selbst wieder zum literarischen Werk wie in **Helmut Koopmanns *Goethe
und Frau von Stein***:

In ‚Iphigenie‘ tauchen alte Motive auf: so das der geliebten Schwester, der inzestuösen Bindung, wie sie sich schon in der aller ersten
Phase der Liebesbeziehung zu Charlotte finden. Erscheint Goethe
als der gerettete Orest? Ist das Verhältnis zwischen ihm und Charlotte hinübergespiegelt in die brüderlich-schwesterliche Beziehung zwischen Orest und Iphigenie? Oder ist Goethe Thoas, dem
sich Iphigenie verweigert? ‚Mein Schicksal ist an deines fest gebunden‘, sagt Iphigenie zu Thoas – dieser Satz steht so oder so
ähnlich dutzendfach in Goethes Briefen an Charlotte von Stein.
Aber auch hier ist das Gelebte transzendiert. Goethes Verhältnis zu
Frau von Stein, die Liebesbeziehung zwischen ihnen findet sich,
verdeckt und verfremdet, in ‚Iphigenie‘ als gleichsam mythisches
Geschehen. Ein Spiel mit Masken, was die Wirklichkeit angeht,
und doch in höherem Sinne richtig.[97]

Liebe als „mythisches Geschehen"

Immer neue Versuche wurden gemacht, der überzeitlich wirken-
den sprachlichen Schönheit des Schauspiels neue Reize abzuge-
winnen, „das entfernte Pathos erhabener Dialoge" zu portionieren

— — —

97   Koopmann, S. 136.

und sei es durch „Komik, Slapstick und Geschwindigkeit".[98] Die „Freien Komödianten" (Halle) inszenierten eine *Iphigenie* nach Goethe, ein wenig Euripides und in ihrer eigenen Fassung:

Iphigenie als Slapstick

Eingetreten in die Geschichte wechseln hastige Gesten, schnelle Sprache und leicht überdehnte Komik in distanzierte Stille. Die Geschichte gehört der Geschichte. Opfer gibt es nur noch ohne Priester, Altäre und Götter. (...) Der große Konflikt der Iphigenie wird reduziert auf jungmädchenhafte Unentschlossenheit. Wirklich gelungen pubertär ersetzt Tamara S. Müller einen der Angelpunkte in Goethes ‚Iphigenie' durch den kokettierenden Singsang ‚Ich gehe jetzt – ich komme gar nicht mit'. Schon vorher wurden große Szenen in Bewegung und Gestik verwandelt. Iphigenie und Orest erlaufen, ein Kreuz beschreibend, Erkenntnis, bis sich beide als Bruder und Schwester in der Mitte treffen. Dann werden Rührseligkeiten in getriebener Sprache gewechselt, die eher gestisch als wörtlich verstanden werden können.[99]

Menschliche Bewährung, das Gespräch als konfliktlösendes Mittel, der Ausgleich unterschiedlicher Lebensgewohnheiten, Traditionen und historischer Erfahrungen und vieles andere sind Vermittlungen, die Goethes Schauspiel *Iphigenie auf Tauris* neben seiner sprachlichen Schönheit zu einem Wertekanon der Menschlichkeit machen, der als Maßgabe zur Anwendung steht.

———

98 Thomas Altmann: *Menschen ohne Götter und Ideale. Tom Wolter erzählt Iphigenie auf Tauris neu.* In: Mitteldeutsche Zeitung (Halle) vom 28. April 2001.
99 Ebd.

6. PRÜFUNGSAUFGABEN MIT MUSTERLÖSUNGEN

Unter www.koenigserlaeuterungen.de/download finden Sie im Internet zwei weitere Aufgaben mit Musterlösungen.

Die Zahl der Sternchen bezeichnet das Anforderungsniveau der jeweiligen Aufgabe.

Aufgabe 1 *

Stellen Sie den Übergang vom Sturm und Drang zur Klassik an Goethes *Iphigenie auf Tauris* dar.

ANALYSE

Mögliche Lösung in knapper Fassung:

Eine schöne Griechin aus fürstlichem Haus und mit göttlichen Beziehungen wird nicht wie vorgesehen der Göttin Diana geopfert, sondern von dieser Göttin als Priesterin zu Barbaren auf die Insel Tauris entführt, wo sich der dort herrschende skythische König für sie begeistert, sie bei ihm auch unbewusst Erwartungen weckt, sich aber einer Ehe entzieht. Sie argumentiert mit ihrer jungfräulichen Priesterschaft und ihrer Herkunft. Das erzürnt den König und führt beinahe zur Katastrophe; die wird durch geschickte Argumentation der nicht nur schönen, sondern auch klugen Iphigenie und die Versöhnungsbereitschaft aller Beteiligten verhindert. Goethes Iphigenie kann tödlich erscheinende und göttlich verordnete Bedrohungen entschärfen; das unterscheidet sie von ihren antiken Vorbildern. Dieser Inhalt prägt ein berühmtes Schauspiel der Weltliteratur. Es entstand während Goethes erstem Weimarer Jahrzehnt nach 1775, reflektiert Weimarer Erfahrungen, Konflikte und die unerfüllte Liebe zu Charlotte von Stein, die zum Vorbild für die Iphigenie wurde, indem sie sich Goethe ebenso verweigerte wie ihn anzog. Aber das Stück bezieht auch Erfahrungen des Sturm und Drangs ein, weist in Details auf das Vorbild Shakespeares hin – ein im Sturm und Drang hochgehaltenes Vorbild – und ist selbst der erste Ausweis für Goethes Eintritt in die klassische Periode: Er beendete das Stück während seiner ersten Italienreise.

Iphigenie auf Tauris zeugt schon zeitlich durch die Entstehungsgeschichte vom Übergang der literarischen Epochen der Aufklärung, des Sturm und Drang zur Klassik, vom Wechsel des Titanischen und Aufbegehrenden der Stürmer und Dränger, nach dem Beispiel des Prometheus, zu abgeklärter Reife und idealen Vorstellungen der Klassiker. Ein erstes Merkmal für den Übergang ist diese Veränderung der Antikerezeption Goethes. Es ist auch eine Veränderung der sozialen Ansprüche des Sturm und Drangs zu Gunsten individueller menschlicher Größe und Toleranz. Das wird im Personenverzeichnis deutlich: Die Stücke des Sturm und Drangs verzeichnen sozial abseits Stehende – Bauern und Zigeuner im *Götz*, Bürger von Brüssel und Volk im *Egmont* –, in der *Iphigenie auf Tauris* sind königlich-göttliche Personen und ihre Vertreter am Werk, denen man die Redekultur einer Iphigenie und die geistige Argumentationskraft der Personen zutraute. Andere soziale Schichten, wie sie der Sturm und Drang favorisierte, spielen, wie die Strumpfwirker, während der Entstehung eine Rolle und wirken sich auf die Vorstellungen vom Volke bei Thoas aus.

Das Stück in seiner endgültigen Fassung erschien 1787, im gleichen Jahr wie Schillers *Don Carlos*, Mozarts *Don Giovanni*, Herders *Ideen zur Philosophie der Geschichte der Menschheit* (3. Teil) und Kants *Kritik der praktischen Vernunft*. Diese Werke orientieren sich wie das Goethes auf Selbstbestimmung des Menschen und seine Befreiung aus schicksalhaften Ordnungen. Diese Aufgabe

> Literarischer Epochenübergang

> Selbstbestimmung des Menschen

stellte die Aufklärung, der Sturm und Drang beförderte sie durch die Betonung der individuellen Freiheit des Menschen und die Klassik entwarf utopische Modelle dafür.

Der kategorische Imperativ

Die Rücksicht auf den anderen Menschen, die Wahrheit im Umgang miteinander, ist der aus Aufklärung und Sturm und Drang stammende Kern des Stückes: Das individuelle Handeln sollte zur Grundlage einer allgemeinen Gesetzgebung werden. Das weist auf Immanuel Kants kategorischen Imperativ hin, ohne dass sich Goethe Kants Denken besonders genähert hätte. Als „Entsagung" wurde Iphigenies individuelle Handlung bezeichnet; das betrifft jedoch nur die emotionale sinnliche Seite dieser Frau. Indem sie ihre Vorstellungen vom Umgang miteinander durchsetzt, entsagt sie keineswegs ihren geistigen Prinzipien und schafft sich dadurch auch neue Möglichkeiten der persönlichen Erfüllung. Schließlich stünde einer Verbindung mit Pylades nach der Rückkehr nach Griechenland nichts im Wege. Beschränkung, hier ein anderer Begriff für Kompromiss, betrifft alle Gestalten des Stückes und ist eine wesentliche Botschaft, die von dem Stück ausgeht. Das sind die klassischen Potenzen, die in dem Stück liegen.

Der Sturm und Drang ist am deutlichsten in Orest erkennbar, der allerdings auch romantische Züge trägt, wie zum Beispiel sein Erleben im Wahnsinn. Er leidet unter der Trennung zwischen einem natürlichen Leben und der von den Göttern gestalteten Kultur und Zivilisation. Iphigenie vermag diese Trennung zu überwinden und schafft Orest die Möglichkeit, die Erde wieder als lebenswerten Raum zu erfassen, sie „ladet [ihn] auf ihre(n) Flächen ein" (V. 1363). Orest kann zur Erde, zur Natur, zum menschlich-tätigen Leben zurückkehren. Nirgends sind die Wirkungen des Sturm und Drang, insbesondere die Ideen Rousseaus, deutlicher in dem Stück als hier.

Zusammenfassend ist festzustellen, dass sich im Konzeptionel-
len deutlich der Übergang vom Sturm und Drang zur Klassik nach-
vollziehen lässt, während die endgültige formale Ausgestaltung
vorwiegend klassischen Charakter hat und andere Kriterien, die
die Prosafassung aufwies, durch die Bearbeitung ausschieden.

FAZIT

Aufgabe 2 ***

**Stellen Sie Goethes Vorstellung vom aufgeklärten Fürsten
am Beispiel der *Iphigenie auf Tauris* dar.**

Mögliche Lösung in knapper Fassung:

Iphigenie ist als Priesterin der Diana im göttlichen Auftrag auf Tauris. Sie hat bereits human gewirkt – gegen den Willen der Götter,
die bisher immer Opfer forderten –, indem sie die Menschenopfer,
die der Göttin geweiht wurden, abgeschafft hat. Es ist indessen zu
keiner ablehnenden Reaktion der Göttin oder der Götter gekommen. Insofern ist ihre humane Haltung eine entsprechende Voraussetzung für den Umgang mit König Thoas, der von ihr erzogen
wird. Aus dem Barbaren wird ein zu Versöhnung bereiter Mensch,
allerdings ist Thoas bereits zuvor für eine solche Entwicklung dis-
poniert: So hat er zum Beispiel keinen Widerspruch angemeldet,
als Iphigenie die vorgeschriebenen Menschenopfer abschaffte. Voraussetzung für die Erziehung aller ist die Versöhnungs- und Kom-
promissbereitschaft aller Beteiligten. Goethes Iphigenie kann tödlich erscheinende Bedrohungen entschärfen; das unterscheidet sie
von ihrem antiken Vorbild bei Euripides.

ANALYSE

Das Stück entstand während Goethes erstem Weimarer Jahrzehnt nach 1775, reflektiert Weimarer Erfahrungen, Konflikte und
die Freundschaft/Liebe zu Charlotte von Stein. Dadurch flossen

Weimarer
Erfahrungen

zeitgenössische soziale Vorgänge, die Goethe teilweise selbst verantwortete, ins Denken des Dichters, vereinigten sich dort mit privaten Erlebnissen und gingen damit indirekt in das Stück ein. Solche Probleme waren die Rekrutenaushebung, an der Goethe
beteiligt war oder die Sorgen und Nöte der arbeitenden Menschen,
z. B. der „Strumpfwirker in Apolda" (Goethes Brief an Charlotte
von Stein vom 6. März 1779). Die Strumpfwirker waren für den
Minister Goethe auch von ökonomischer Bedeutung, ihr Streik
1779 spielte im Tagebuch Goethes eine Rolle: Ökonomische Zwänge boten keinen Spielraum für humane Lösungen. Insofern wurde
die Humanisierung des Königs Thoas auch ein Beispiel für die ver-
besserungsbedürftige Gegenwart und die Erziehung des Herzogs
Karl August. Die sozialen Ansprüche des Sturm und Drangs stei-
gerten sich zu individueller menschlicher Größe und Toleranz. Das
bedeutete den Übergang zur Klassik. Das Konzept bestand aber
nicht in einer grundsätzlichen gesellschaftlichen Neuordnung, wie
sie sich in Frankreich vorbereitete, sondern in der Erziehung des
Herrschers zur Einsicht in Veränderungen im Rahmen der beste-
henden Zustände: Der „aufgeklärte Fürst" war ein bürgerlicher
Entwurf, den Absolutismus zu reformieren.

Der „aufgeklärte
Fürst"

   Die Entscheidungsfreiheit des Menschen war die Folge der
Selbstbestimmung des Menschen und seiner Befreiung aus
schicksalhaften Ordnungen, ohne dabei seine soziale Stellung zu
berücksichtigen. Die grundsätzliche Rücksicht auf den anderen
Menschen ist der aufklärerische Kern des Stückes: Das individuelle Handeln sollte zur Grundlage einer allgemeinen Gesetzgebung
werden, wie es Immanuel Kant im kategorischen Imperativ und
bei der Bestimmung der Aufklärung formuliert hatte. Das Handeln
des aufgeklärten Menschen und die Berücksichtigung der Vorstellungen der anderen Menschen führten zu einem Kompromiss, von
dem alle Gestalten des Stückes betroffen sind. Diese wesentliche

Botschaft geht von dem Stück *Iphigenie auf Tauris* aus. Sie betrifft aber in vorderster Linie den König Thoas, der das vorhandene System des Alleinherrschers repräsentiert. Wenn es gelingt, ihn zu einem solchen individuellen Handeln zu bewegen, ändern sich auch Bedingungen im gesellschaftlichen System.

FAZIT

In einer Zeit, in der Goethe täglich als Staatsbeamter mit Widrigkeiten konfrontiert wurde und in der ihm die Erfüllung seiner persönlichen Wünsche und Neigungen versagt blieb, entwarf er als Gegenbild das Ideale, das ihm später zu vollkommen erschien. Schiller dagegen sah in der *Iphigenie* romantische Momente, weil die Empfindung vorherrsche. Deshalb sei Goethes Stück „keineswegs so klassisch und im antiken Sinne ..., als man vielleicht glauben möchte"[100]. Andererseits war für ihn das Schauspiel höchste Kunst im Dienst einer sittlichen Idee. Damit bestätigte Schiller die erzieherische Absicht, die dem Stück zu Grunde lag. Goethe, der als Staatsbeamter mit den politischen und sozialen Widersprüchen unmittelbar konfrontiert wurde und sogar gegen seine eigene Überzeugung Entscheidungen treffen musste – wie die Bestätigung des Todesurteils für eine Kindesmörderin –, sah in der Erziehung des Fürsten die entscheidende Möglichkeit zur Lösung dieser Widersprüche: Thoas lässt die griechischen Eindringlinge schließlich nicht opfern, begnadigt sie nicht nur, sondern trennt sich von ihnen mit einem freundlichen Abschied, zukünftiges gegenseitiges Gastrecht eingeschlossen. Thoas wird ein „aufgeklärter Fürst"; aber diese Erziehung bleibt Utopie, denn in der Wirklichkeit muss Goethe die Grenzen bei der Umsetzung dieser Idee einsehen. Das entscheidende Dokument dafür ist sein Gedicht *Ilmenau* (1783), in dem Goethe auf die ersten Jahre in Weimar und seine erzieherischen Bemühungen um den jungen Herzog einging.

---

100 Eckermann, 21. März 1830. S. 549.

Aufgabe 3 ***

**Beschreiben Sie in Umrissen Goethes Weltbild
(am Beispiel der *Iphigenie auf Tauris*).**

Mögliche Lösung in knapper Fassung:

ANALYSE

Die Handlung in Goethes *Iphigenie auf Tauris* lässt sich in einem Satz abstrahieren: Der Mensch löst sich aus der göttlichen Abhängigkeit und entscheidet über sein sittliches Tun frei und ohne Fremdbestimmung, hebt jedoch dabei dialektisch die göttlichen Werte in seiner Menschlichkeit auf. Er tritt an die Stelle der Götter, Iphigenie tritt an die Stelle der Göttin Diana und setzt deren göttliche Forderungen – die Menschenopfer – außer Kraft. Dadurch kommt der Mensch wieder zu sich selbst und die Welt der Götter verliert an Bedeutung. Das Denken säkularisiert sich. Voraussetzung für sittliches Handeln ist ein Handeln in Wahrheit und das Verständnis für Veränderungen; alles Leben ist Entwicklung und Bewegung. Vergebung und Sühne sind Voraussetzungen einer sittlichen Welt. Der utopische Charakter der Sittlichkeit des Menschen ist ein Programm der Entwicklung, aber auch der Spannung zwischen Wirklichkeit und Möglichkeit. Die Voraussetzung für Menschlichkeit in *Iphigenie auf Tauris* ist Ungehorsam gegen Götter und ihre Macht. Goethes Bild von Iphigenie ist ein Entwurf, stofflich entlehnt aus dem Mythischen und eine Spiegelung von Goethes sittlichem Anspruch, wie er sich von der Aufklärung bis zur Klassik entwickelt hatte.

Das sittliche Verhalten ist für Goethe „Hauptteil der menschlichen Natur" und damit wesentliches Merkmal der klassischen Dichtung:

Geistige Orientierung, nicht praktische Empfehlung

Iphigenies Lösung war Ausnahme, allenfalls geistige Orientierung, nie aber praktische Empfehlung. Die Menschen sind dem Schicksal unterworfen und ausgesetzt, das von den Göttern bestimmt wird, solange es von den Menschen nicht durchschaut wird. Allerdings vermögen die Menschen „das Unmögliche" (vgl. *Das Göttliche*, 1783), wenn sie als Helden leben. Iphigenie fragt berechtigt, ob das nur den Männern zusteht oder nicht auch die Frau dieses Recht hat: „Hat denn zur unerhörten Tat der Mann / Allein das Recht? Drückt denn Unmögliches / Nur **er** an die gewalt'ge Heldenbrust?" (V. 1892 ff.)

Ein weiteres Kennzeichen des Weltbildes ist die Bedeutung der Wahrheit: Menschliche Beziehungen können nur dann sittlich werden, wenn sie sich auf gegenseitige Wahrheit gründen. Diese Haltung korrespondiert mit dem kategorischen Imperativ Kants, denn der Mensch, der sich zur Wahrheit bekennt, fordert von seinem Mitmenschen, sich ebenfalls der Wahrheit zu bedienen und zwar der individuell gewollten. So fordert Thoas zwar die Wiedereinführung der Opfer, als sein Wunsch, Iphigenie zu heiraten, nicht erfüllt wird. Aber das ist die Wahrheit der Göttin, die sie selbst schon nicht mehr wahrhaben will – sie hat sich bei der Aufhebung der Opfer nicht gegensätzlich geäußert –, die Wahrheit des Thoas ist längst jenseits der Opfer auf das Wohl seines Landes und dessen Menschen gerichtet. Insofern kann er auf Iphigenies Wahrheit schließlich mit gleicher Haltung antworten. Iphigenie ist aus dem Ideal der Charlotte von Stein zur Inkarnation reiner Menschlichkeit geworden. Der ursprüngliche Hintergrund des Mythos, der sie in eine Verbrechensabfolge einbindet, wird aufgehoben und aus der Priesterin der Göttin wird der frei entscheidende Mensch. Nur noch rudimentär sind im Text Iphigenies Reste des alten Weltbildes zu erkennen, etwa im Parzenlied. Ein solcher Rest ist auch erkennbar in der Absicht, das Bild der Göttin durch Betrug zu erobern und Thoas zu betrügen. Erst als sie diese privaten Absichten verdrängt und an ihre Stelle gewünschte gesellschaftliche Verhaltensweisen setzt – sie erwartet schließlich von Thoas das gleiche

> Bedeutung von
> Wahrheit

FAZIT

Verhalten – erhebt sie sich zur Repräsentantin des klassischen Ideals.

Auf dieser Stufe wird auch die Welterkenntnis vorangetrieben: Sie beschränkt sich nicht mehr auf den göttlichen Fluch, sondern erweitert das Wissen um die neue Dimension, nicht der Raub des göttlichen Bildes ist gemeint, sondern das Erkennen des Menschen: Nicht das Bild Dianas soll geraubt, sondern die Schwester in ihre Familie zurückgeführt werden. Durch dieses Bekenntnis zur Wahrheit erheben sich alle Personen über ihre Ausgangssituation: Iphigenie kann den aufgeklärten Fürsten erziehen und die Familie entsühnen, Thoas wird keine Menschenopfer in seinem Lande mehr dulden und Gastfreundschaft mit den Griechen halten, Orest wird keinen Diebstahl begehen und sich zur Wahrheit bekennen, in Zukunft aber göttliche Aufträge nur dann erfüllen, wenn sie mit dem eigenen Willen und dessen Wertvorstellungen übereinstimmen. Dabei vollzieht sich bei Goethe während der Arbeit an Iphigenie auf Tauris eine wesentliche Erweiterung des Weltbildes: In der endgültigen Fassung werden mehrfach Begriffe aus der christlichen Bildwelt (Hölle, Heilige) und dem christlichen Wertesystem (heilig, ewig) verwendet. Sie deuten an, dass Goethe keinen grundsätzlichen Gegensatz zwischen der Antike und dem Christentum sah, sondern die idealen Forderungen aus beiden grundsätzlich übereinstimmend betrachtete.

Aufgabe 4 *

Analysieren Sie die Szene 1. Aufzug, 3. Auftritt des Schauspiels *Iphigenie auf Tauris* auf die Konflikte hin, in denen sich Iphigenie befindet, und unterscheiden Sie private und gesellschaftliche Konflikte.

Mögliche Lösung in knapper Fassung:

ANALYSE

Goethes *Iphigenie auf Tauris* erschien 1787, zwei Jahre vor der Französischen Revolution. Das erste Konzept dazu entstand in Prosa 1779 im höfischen Weimar, allerdings teils unter erschütternden sozialen Einsichten Goethes, und wurde von meist aristokratischen Spielern für den Hof uraufgeführt. Es geht letztlich um den „aufgeklärten Fürsten", ein Bildungs- und Erziehungsziel der Aufklärung und des Sturm und Drangs. Der entscheidende Unterschied zur *Iphigenie bei den Taurern* des Euripides ist: Nicht mehr göttlicher Wille bestimmt das menschliche Schicksal, sondern menschliche Bereitschaft, die Verantwortung für das individuelle Handeln zu übernehmen. Das aber führte naturgemäß von den Widersprüchen zu Konflikten.

Goethe gestaltete einen königlichen, fast göttlichen Konflikt. Iphigenie ist nicht nur Königstochter, sondern aus einer besonders herausgestellten Familie: den Tantaliden. Außerdem ist sie Priesterin der Diana und bekommt einen Heiratsantrag von Thoas, dem König der Taurer. Um diesem Antrag zu entgehen, argumentiert Iphigenie: Als Priesterin der Göttin Diana muss sie Jungfrau bleiben (Argument gegenüber Arkas, V. 197 ff. und dem König, V. 438 ff.) und als dieses Argument Thoas von seinem Antrag nicht abhält, gesteht sie ihm ihre Herkunft.

In dieser Situation verschärft sich der Konflikt für Iphigenie: Sie konnte bisher auf Rückkehr zu den Griechen hoffen, deren Land

Konfliktverschärfung

sie „mit der Seele suchend" (V. 12) vermisste; nun soll sie Königin
der Taurer werden und damit ihre Sehnsucht nach der Heimat auf-
geben. Als sie den Antrag ablehnt, kündigt Thoas die Wiedereinführung der Menschenopfer an, die sie durchführen muss; sie weiß
noch nicht, dass die ersten Opfer ihr Bruder und sein Freund sein
sollen. Wie sich Iphigenie auch entscheidet, sie wird immer gegen
ihre Interessen handeln müssen, immer auch gegen ihre Menschlichkeit, entweder im individuellen oder im gesellschaftlichen Zusammenhang. Alle anderen Konflikte des Stückes stehen im Zeichen dieses grundsätzlichen Konfliktes.

Es findet in dieser Szene ein dramatischer Dialog statt, der sich
in Versen aus fünffüßigen Jamben (Blankversen) vollzieht. Der Dialog wird durch Iphigenie, die Thoas segnet, eröffnet und der Konflikt durch den König, der aus dem Kriege heimkehrend bei ihr
erscheint, ausgelöst. Der Dialog und der Konflikt erreichen ihren
Höhepunkt im Geständnis: „Vernimm! Ich bin aus Tantalus Geschlecht." (V. 306) und der sich anschließenden Vorstellung der
Familiengeschichte der Tantaliden. Der Konflikt bekommt eine private und eine gesellschaftliche Komponente:

**Die beiden
Komponenten
des Konflikts**

Iphigenie vertritt göttliche (ihre) Position	x	Thoas vertritt gesellschaftlich-soziale Position;
Iphigenie argumentiert mit Diana	x	Thoas argumentiert für sein Volk.

Iphigenie versucht, den Antrag Thoas' aus dem Gespräch zu
nehmen, indem sie ihn mit der spektakulären Familiengeschichte
konfrontiert; sie hofft, Thoas würde zurückschrecken. Aber Thoas
reagiert anders: Er trägt den Antrag mit der gleichen Konsequenz
nochmals vor und entwaffnet Iphigenie damit. Er steht unter dem
Druck, die Zukunft für sein Land, sein Volk und sich selbst zu
gestalten. Iphigenie hat vorerst nur ihren persönlichen Wunsch

dagegen zu setzen, in die Heimat zurückkehren zu wollen. Der entscheidende Konflikt wird schließlich durch die Einsicht des Königs gelöst, aber er ist auch der große Verlierer: Er hat weder die geliebte Frau gewonnen, noch wird er von ihr einen Thronfolger haben; er hat der Göttin ihre Opfer entzogen und sich damit möglicherweise göttlicher Strafe ausgesetzt. Selbst die Priesterin, auf die er sich bisher verlassen konnte, geht nun. Gewonnen hat er nicht mehr als ein ungenau bestimmtes gegenseitiges Gastrecht mit den Griechen.

FAZIT

Das Gespräch zwischen beiden wird auch zum Vortrag staatspolitischer Vorstellungen (V. 255 ff.) und deren Konfrontation mit dem göttlichen Auftrag Iphigenies. Für Iphigenie ergeben sich daraus neue Opfer: Um den Taurern und ihrem König zu dienen, müsste sie auf ihre persönlichen Vorstellungen, in die Heimat zurückzukehren, und auf ihre Priesterschaft, die Jungfräulichkeit voraussetzt, verzichten. Entzieht sie sich aber Thoas' Wunsch, geht ihre größte Errungenschaft, Menschenleben zu schützen, verloren. Eine Lösung dieses tragischen Konfliktes ist nur auf einer neuen sittlichen Entwicklungsstufe möglich, die nicht mehr die absolutistische Herrschaft zum Maßstab macht – die Entscheidung des Königs –, sondern die Kriterien eines gemeinsamen gleichberechtigten Zusammenlebens. Insofern dringen mit Iphigenie innerhalb des aristokratischen Umfeldes, in dem das Stück spielt, bürgerliche Forderungen durch, die Thoas zurückweist: „Es ziemt sich nicht für uns, den heiligen / Gebrauch mit leicht beweglicher Vernunft / Nach unserm Sinn zu deuten und zu lenken." (V. 528 ff.) Am Ende setzen sich aber Iphigenies Vernunft und Sinn, also die auf Wahrheit, Gleichheit und Menschlichkeit begründete menschliche Handlung, durch.

LITERATUR

Zitierte Ausgabe:

Um mit verschiedenen Ausgaben arbeiten zu können, wird nach Versen zitiert, die in der Regel bei allen *Iphigenie*-Ausgaben ausgewiesen sind. Textgrundlage dieser Erläuterung ist der Band des Hamburger Lesehefte Verlags:

Goethe, Johann Wolfgang von: *Iphigenie auf Tauris*. Ein Schauspiel. Husum: Hamburger Lesehefte Verlag. (13. Hamburger Leseheft, Heftbearbeitung: F. Bruckner und K. Sternelle).

Textausgaben und Dokumente:

Goethe, Johann Wolfgang: *Iphigenie auf Tauris*. Ein Schauspiel. Anmerkungen von Joachim Angst und Fritz Hackert. Stuttgart: Reclam, 2001. (Universal-Bibliothek Nr. 83).

Goethe, Johann Wolfgang von: *Goethe. Poetische Werke*. Bd. 7. Bearbeitet von Angelika Jahn. Berlin: Aufbau-Verlag, 1963. (Berliner Ausgabe = zitiert: BA mit Band- und Seitenzahl).

→ Ausführlich mit Material ausgestattete und gut kommentierte Ausgabe, nach der im vorliegenden Text häufig zitiert wird.

Goethe, Johann Wolfgang von: *Iphigenie auf Tauris*. In: Goethes Werke. Bd. 5 (Hamburger Ausgabe). Hrsg. von Erich Trunz. München: Beck, 9., neu bearbeitete Aufl. 1981. → Gut und ausführlich kommentierte Ausgabe, die mit der Berliner Ausgabe (BA Bd. 7) zu vergleichen ist.

Goethe, Johann Wolfgang von: *Der Briefwechsel zwischen Schiller und Goethe in drei Bänden*. Hrsg. von Hans Gerhard Gräf und Albert Leitzmann. Leipzig: Insel-Verlag, 1955. → zitiert: Briefwechsel.

Bode, Wilhelm (Hrsg.): *Goethe in vertraulichen Briefen seiner Zeitgenossen*. Bd.1–3. Berlin und Weimar: Aufbau-Verlag, 1979. → Diese in mehreren Ausgaben vorhandene Briefsammlung ist ein unersetzliches Hilfsmittel.

Eckermann, Johann Peter: *Gespräche mit Goethe in den letzten Jahren seines Lebens 1823–1832*. Berlin: Aufbau-Verlag, 1962.

Götting, Franz (Hrsg.): *Chronik von Goethes Leben*. Leipzig: Insel-Verlag, 1957. → Übersichtliche und handliche Auflistung der Ereignisse, Begegnungen und Werke.

Hartung, Ernst (Hrsg.): *Alles um Liebe*. Goethes Briefe. München-Ebenhausen: Langewiesche-Brandt, 1906.

Herwig, Wolfgang (Hrsg.): *Goethes Gespräche*. Bd. 1–5. (Biedermann'sche Ausgabe). München: dtv, 1998.

Moritz, Karl Philipp: *Götterlehre oder Mythologische Dichtungen der Alten*. In: ders.: Werke. Hrsg. von Horst Günther. Frankfurt am Main: Insel-Verlag, [2]1993. 2. Band. S. 609–842.

Euripides: *Iphigenie im Lande der Taurer*. In: Ders.: Werke in drei Bänden. 2. Band. Berlin und Weimar: Aufbau-Verlag, 1979. S. 171–228.

Lernhilfen und Kommentare für Schüler:

Angst, Joachim und Fritz Hackert: *Johann Wolfgang Goethe. ,Iphigenie auf Tauris'*. Erläuterungen und Dokumente. Stuttgart: Reclam, 1993. (Universal-Bibliothek Nr. 8101).

Bernhardt, Rüdiger: *Johann Wolfgang von Goethe. ,Iphigenie auf Tauris'*. Hollfeld: C. Bange Verlag, [5]2010. (Königs Erläuterungen und Materialien Bd. 15). → Vorläufer des vorliegenden Buches.

Bernhardt, Rüdiger: *Epochenumbruch 18./.19. Jahrhundert unter besonderer Berücksichtigung der Entwicklung des Dramas.* Hollfeld: C. Bange Verlag, 2010. (Königs Abi-Trainer). S. 35–59.
→ Goethes *Iphigenie auf Tauris* gehört zu den drei ausgewählten Beispielen, an denen Interpretationsmodelle erörtert werden.

Hackert, Fritz: *Iphigenie auf Tauris.* In: Interpretationen: Goethes Dramen. Hrsg. von Walter Hinderer. Stuttgart: Reclam, 1980. S. 144–168.

Jeßing, Benedikt: *Johann Wolfgang Goethe. ‚Iphigenie auf Tauris'.* Erläuterungen und Dokumente. Stuttgart: Reclam, 2002. (Universal-Bibliothek Nr. 16025). → nützliche Dokumentensammlung zu Stoff (Mythos), Entstehungs- und Wirkungsgeschichte. Erweiterung gegenüber Angst, Joachim um literaturwiss. Rezeption; wichtige Namen wie Korff, Hans Mayer usw. fehlen.

Leis, Mario: *Johann Wolfgang Goethe. Iphigenie auf Tauris.* Lektüreschlüssel für Schülerinnen und Schüler. Stuttgart: Reclam, 2005. (Universal-Bibliothek Nr. 15350).

Sack, Volker: *Gegenbilder. Johann Wolfgang von Goethe: ‚Iphigenie', Friedrich Hebbel: ‚Maria Magdalena'*, Stuttgart: Klett, 1995.

Sekundärliteratur:

Adorno, Theodor W.: *Zum Klassizismus von Goethes ‚Iphigenie'.* In: ders.: Gesammelte Schriften. Hrsg. von Rolf Tiedemann. Bd. 11. Frankfurt am Main: Suhrkamp, 1974. (Noten zur Literatur). S. 495–514.

Boerner, Peter: *Johann Wolfgang von Goethe.* Reinbek bei Hamburg: Rowohlt, [33]1999. (rowohlts monographien 50577).

Borchmeyer, Dieter: *Iphigenie auf Tauris*. In: Goethes Dramen. Interpretationen. Hrsg. von Walter Hinderer. Stuttgart: Reclam, 2010. (Universal-Bibliothek Nr. 8417). S. 117–157.
→ Empfehlenswerte Interpretation, die u. a. auf den Zusammenhang mit der Aufklärung hinweist.

Boyle, Nicholas: *Goethe. Der Dichter und seine Zeit*. Aus dem Englischen übersetzt von Holger Fliessbach, bisher zwei Bände. Frankfurt am Main und Leipzig: Insel-Verlag, 2004. (insel taschenbuch 3025).

Dahnke, Hans-Dietrich: *Im Schnittpunkt von Menschheitsutopie und Realitätserfahrung: ,Iphigenie auf Tauris'*. In: Johann Wolfgang Goethe. Hrsg. von Heinz Ludwig Arnold. München, 1982. (Text + Kritik. Sonderband). S. 110–129.

Damm, Sigrid: *Christiane und Goethe*. Frankfurt am Main: Insel-Verlag, 1998. → Auch als Taschenbuch.

Eissler, Kurt R.: *Goethe. Eine psychoanalytische Studie 1775–1786*, übersetzt aus dem Amerikanischen und hrsg. von Rüdiger Scholz. 2 Bände. München: dtv, 1987. → Materialreiche Deutung von Goethes Leben und Werk im ersten Weimarer Jahrzehnt, seit 1963 in den USA bekannt.

Friedenthal, Richard: *Goethe. Sein Leben und seine Zeit*. München: Piper & Co, 1963. → Populäre, gründliche und weit verbreitete Biografie, die zuverlässig ist, allerdings keine richtige Bibliografie für die Weiterarbeit oder Überprüfung bietet.

Geerdts, Hans-Jürgen: *Johann Wolfgang Goethe*. Leipzig: Reclam, 1972. (Universal-Bibliothek Bd. 77).

Gräf, Hans Gerhard: *Goethe über seine Dichtungen*. Bd. 5. Frankfurt am Main: Rütten & Loening, 1906.

Hacks, Peter: *Iphigenie oder: Über die Wiederverwendung von Mythen* (1963). In: ders.: Die Maßgaben der Kunst. Gesammelte Aufsätze 1959–1994. Hamburg: Nautilus, 1996.

Hettner, Hermann: *Geschichte der deutschen Literatur im acht-zehnten Jahrhundert*. 2 Bände. Berlin: Aufbau-Verlag ,1961.
→ Diese in mehreren Ausgaben verbreitete alte Literatur-geschichte ist eine zuverlässige historische Darstellung der Goethe-Zeit und verwendet vor allem zahlreiche Dokumente im Original.

Höfer, Anja: *Johann Wolfgang von Goethe*. München: dtv, 1999. (dtv portrait). → Eine kurze, übersichtliche und leicht ver-ständliche Einführung in Leben und Werk.

Jauß, Hans Robert: *Racines und Goethes ‚Iphigenie'*. Mit einem Nachwort über die Partialität der rezeptionsästhetischen Me-thode. In: Rezeptionsästhetik. Theorie und Praxis. Hrsg. von Rainer Warning. München: Fink, 1975. S. 353–400.

Koopmann, Helmut: *Goethe und Frau von Stein. Geschichte einer Liebe*. München: C. H. Beck, 2002.

Leistner, Bernd: *Im Zeichen des großen Anspruchs. Goethes Ent-wicklung zum Weimarer Klassiker*. In: ders.: Spielraum des Poe-tischen. Berlin und Weimar: Aufbau-Verlag, 1985.

Leithold, Norbert: *Graf Goertz. Der große Unbekannte*. Berlin: Osburg Verlag, 2010. → Neben einer weiteren Variante zur Beziehung Goethes zu Frau von Stein und Anna Amalia bietet das Buch interessante Hintergrundinformationen über die Ent-stehungszeit der *Iphigenie auf Tauris*.

Lösch, Michael: *Who's who bei Goethe*. München: dtv, 1998.
→ Zur Information bedingt geeignet, da zahlreiche ungenaue Fakten und einseitige Wertungen vorhanden sind.

Mayer, Hans: *Der eliminierte Mythos in Goethes 'Iphigenie auf Tauris'*. In: ders.: Das unglückliche Bewusstsein. Zur deutschen Literaturgeschichte von Lessing bis Heine. Berlin und Weimar: Aufbau-Verlag, 1990. S. 246–254. → Die Arbeiten Hans Mayers sind anregend und geistvoll geschrieben. Sie stellen übergreifende Zusammenhänge her. Allerdings wird ein hohes Wissen vorausgesetzt.

Mayer, Hans: *Goethe*. Hrsg. von Inge Jens. Frankfurt am Main: Suhrkamp, 1999.

Mehring, Franz: *Johann Wolfgang Goethe (1899)*. In: Gesammelte Schriften. Hrsg. von Thomas Höhle u. a. Band 10. Berlin: Dietz, 1961.

Ranke-Graves Robert von: *Griechische Mythologie. Quellen und Deutung*. Reinbek bei Hamburg: rowohlt, erstmals 1955. (rowohlts deutsche enzyklopädie, Bd. 115/116) → Die ausführliche und materialreiche Mythologie wird in der Regel für die Deutung der Personen in vorliegendem Kommentar benutzt.

Rasch, Wolfdietrich: *Goethes 'Iphigenie auf Tauris' als Drama der Autonomie*. München: C. H. Beck, 1979.

Riedel, Volker: *Antikerezeption in der deutschen Literatur vom Renaissance-Humanismus bis zur Gegenwart*. Stuttgart, Weimar: Metzler, 2000.

Rohmer, Rolf: *Klassizität und Realität in Goethes Frühweimarer Dramen (besonders 'Iphigenie auf Tauris')*. In: Goethe-Jahrbuch. 93. Band. Weimar: Hermann Böhlaus Nachf., 1976, S. 38 ff.

Werner, Hans-Georg: *Text und Dichtung – Analyse und Interpretation*. Berlin und Weimar: Aufbau-Verlag, 1984. (darin: *Goethes 'Iphigenie' und die Antinomien eines idealen Humanitätskonzepts*, S. 128–164).

Wilson, W. Daniel: *Das Goethe-Tabu. Protest und Menschenrechte im klassischen Weimar*. München: dtv, 1999. → Eine polemische, aber interessante Schrift gegen die Vorbildlichkeit des klassischen Weimar. Sie stellt vor allem die amtlichen Handlungen Goethes dar. Das Buch hat Aufsehen und Widerspruch erregt.

Witte, Bernd und Mauro Ponzi (Hrsg.): *Goethes Rückblick auf die Antike*. Beiträge des deutsch-italienischen Kolloquiums, Rom, 1998. Berlin, 1999. → Darin kann Sibylle Schönborns Aufsatz *Vom Geschlechterkampf zum symbolischen Geschlechtertausch* anregen.

Filmmaterial:
Iphigenie auf Tauris. 1964.
München: Institut für Film und Bild in Wissenschaft und Unterricht.
Regie: Hanns Korngiebel.

Iphigenie auf Tauris. 1966.
Salzburger Gesamtaufnahme (1957).
Inszenierung: Leopold Lindtberg.

Iphigenie auf Tauris. 1968.
Verfilmung für das Fernsehen (ARD).
Regie: Hans Hartleb.

Iphigenie auf Tauris. 1969.
Verfilmung für das Fernsehen (DFF der DDR).
Regie: Wolfgang Langhoff.

STICHWORTVERZEICHNIS